鸡石古城故事多 溪山胜迹怙山河

拓土开疆尚武陵 后贤新纪唱新歌

书赠向盛福同志

湖北省文联 李传锋

癸巳年夏月

老司城遗址（中共永顺县委宣传部提供）

老司城万马归朝（谢返林摄）

申遗前出土的文物

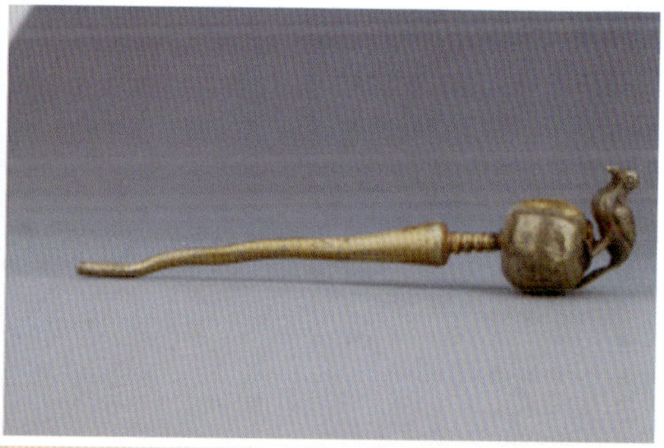

申遗前出土的文物

申遗前出土的文物

八部大王神像

八部大王神像

左上
周家湾文化展示区长廊一角

右上
老司城彭氏宗祠

左下
沅陵莲花池村向老官人故居

左街前景

毛古斯舞

司城泛舟

SITE OF LAOSICHENG TUSI DOMAIN

国务院于2001年6月25日公布

祖师殿全景（张瑾视觉航拍）

老司城文化展示区（张瑾视觉航拍）

老司城灵溪河两岸（张瑾视觉航拍）

上图
老司城全景
（张瑾视觉航拍）

右下
杩坊口巷

上图：申遗验收　　　　下图：土家儿女摆手庆申遗成功（肖典乐摄）

欢庆申遗成功（向先林摄）

欢庆申遗成功（余光龙摄）

欢庆申遗成功

欢庆申遗成功（张建强摄）

XIZHOU LAO SICHENG

溪州老司城

◎刘 勇 向盛福 郑 烨/著

中央民族大学出版社
China Minzu University Press

图书在版编目（CIP）数据

溪州老司城／刘勇，向盛福，郑烨著．—北京：中央民族大学出版社，2023.1

ISBN 978-7-5660-2129-8

Ⅰ.①溪… Ⅱ.①刘… ②向… ③郑… Ⅲ.①土司制度-研究-永顺县 Ⅳ.①D691.4

中国版本图书馆 CIP 数据核字（2022）第 190640 号

溪州老司城

作　　者	刘　勇　向盛福　郑　烨
责任编辑	李苏幸
封面设计	布拉格
出版发行	中央民族大学出版社
	北京市海淀区中关村南大街 27 号　邮编：100081
	电　话：(010)68472815(发行部)　传真：(010)68932751(发行部)
	(010)68932218(总编室)　(010)68932447(办公室)
经 销 者	全国各地新华书店
印 刷 厂	北京鑫宇图源印刷科技有限公司
开　　本	787×1092　1/16　彩插：16　印张：15.75
字　　数	200 千字
版　　次	2023 年 1 月第 1 版　2023 年 1 月第 1 次印刷
书　　号	ISBN 978-7-5660-2129-8
定　　价	78.00 元

序

中共永顺县委常委、宣传部部长　樊　未

2019年11月5日

溪州老司城，位于猛洞河国家级风景名胜区一条名叫灵溪河的河流两旁。

八百年前，老司城以“巍巍乎五溪之巨镇，郁郁乎百里之边城”的磅礴气势雄盖五溪，六百多年之后，时间的指针指向清雍正六年（公元1728年），历史在这里进行了瞬间定格，曾经“福石城中锦作窝，土王宫畔水生波，红灯万盏人千叠，一片缠绵摆手歌”和“城内三千户，城外八百家”的老司城，被清政府“改土归流”的洪流一下子湮没进了历史的尘烟深处。

时间的巨轮滚滚向前，当新世纪的曙光照耀在美丽神奇的溪州大地时，尘封于岁月深处的老司城，终于揭开了神秘的面纱，以一个崭新的姿态展现在世人面前。

就在岁月不经意的流逝之中，这个曾经被称为土司王千年古都的老司城，已经不再是封建王朝里一个世袭家族政权全心经营将近千年的私人“小朝廷”，而是华丽转身，成为盛名赫赫的世界文化遗产。

这个世界文化遗产，在湖南省永顺县。

永顺县地处中国中西部，湘西土家族苗族自治州北部，位于湘、鄂、渝、黔、滇等省（市）大西南特色区域内，距离贵州黄果树景区、四川乐山景区200—300公里，长江三峡景区250公里，距离张家界65公里，凤凰110公里。“长沙—张家界—老司城—芙蓉镇名人名山风情游”“张家界—老司城—猛洞河—芙蓉镇—吉首—凤凰—怀化神秘大湘西游”是湖南省向外首推的黄金民族文化旅游线路。

距离永顺县城仅19.5公里的老司城遗址，是彭氏政权精心营建八百多年的古老军事城堡，古溪州的政治、经济、文化和军事中心，原生态、原遗址、原文化、原居民的重要承载地，至今保存有庞大的规模、完整的格局、丰富的遗存。目前老司城考古发现的遗存以规模约19公顷的中心城址为核心，其他515.34公顷遗址遗迹沿灵溪河两岸分布，遗存年代从唐天授元年（公元690年）开始至五代梁、唐、晋、汉、周及宋、元、明、清各个朝代，明代（公元14—17世纪）是彭氏土司势力的鼎盛时期。老司城中心城址主要建筑朝西南，依东北高、西南低的地形随形就势而建，体现了湘西地区土家族传统聚落建于半山的选址特征。城址背山面水，其周边山系可作为城址的天然屏障，灵溪河自西北曲折流向东南环城而过，可作为天然的护城河。中心城址分为生活区、衙署区、墓葬区、街市区 、本地族群信仰区、中央文教区等，各区域以正街、河街、右街、左街、紫金街等形成的道路系统连通。老司城遗址具有良好的生存环境条件，自古为众多小型族群聚居地。现存老司城及周邻民居可分左街（向家湾）、周家湾、喻家堡、杨茶枯、谢圃、响塘6处自然村落，居民沿河流两岸平缓处居住。

老司城遗址2001年被国务院公布为全国重点文物保护单位。2011年被中国社科院评选为2010年度中国六大考古新发现。同年被国家文物局评为2010年度全国十大考古新发现；2012年11月被国家文物局公布进入第二批中国世界文化遗产预备名单，同年被评选为湘西最美景区。2013年初被列入2015年国家申遗项目，同年被授予中国历史文化名村称号。2014年被授予中国传统村落称号，同年9月顺利通过ICOMOS专家现场考察评估。2015年7月3日在第39届联合国教科文组织世界遗产大会上被公布为世界文化遗产，是中国第48处世界文化遗产，湖南省首个世界文化遗产。

泱泱古地，浩浩雄风。老司城自古为彭氏政权世袭统治之所，境内自然风光秀美旖旎，民族人文景观神秘独特，中国历史文化名镇芙蓉镇、猛洞河国家级风景名胜区、天下第一漂、湘鄂川黔革命根据地旧址、中国土家第一村双凤村、不二门国家森林公园、小溪国家级自然保护区、羊峰古城遗址等自然人文景观星罗棋布、遐迩闻名，特别是世界文化遗产老司城和土家族民族瑰宝、中国首批全国重点文物保护单位溪州铜柱，更是为研究中国土家族民族源流、古代土家族地区乃至中央王朝的政治、经济、文化和军事状况提供了原生翔实的样本和有力佐证，是中国土家族古代历史和民族发展的实物见证，是研究中国土家文化特别是土家族部落酋长制度、家族政权体系和土司文化的重要文物，对中国土家族的起源和民族认定、对土家民族的发展，起到了至关重要的作用。

老司城文化遗存先后属于“大溪文化”和“龙山文化”。远古时期，这里就有先民定居。老司城禹贡为荆州之域。战国时属楚，秦时属黔中郡。汉改武陵郡，置酉阳县，治所在老司城下游的芙蓉镇。三国时期初属蜀汉，后属吴。两晋南北朝时期均为酉阳县地。隋代置辰州，废酉阳，并迁陵，改为大乡县地，属沅陵郡。唐天授二年（公元691年）析辰州，置溪州，天宝元年（公元742年）改溪州为灵溪郡，复名溪州，隶黔中道。后梁开平四年（公元910年）属楚之溪州地。宋代为下溪州、南渭州、施溶州等羁縻州地，治所为老司城，属荆湖北路。元初属永顺路，后改属永顺保靖南渭安抚司、永顺等处军民安抚司、永顺等处军民宣抚使司等，属四川行省。明洪武二年（公元1369年），属永顺等处军民安抚司，洪武六年（公元1373年）属永顺等处军民宣慰使司，隶湖广布政使司，后改属湖广都指挥使司。清雍正五年（公元1727年）改土归流废宣慰司后，属辰沅永靖道永顺府。中华民国元年（公元1912年）2月裁县留府，次年9月裁府改县，属辰沅道。民国十一年（公元1922年）道制废，直属湖南省。1934年10月，中国工农红军第二、六军团攻克永顺县城，中共湘鄂川黔边区省委、省革命委员会、省军区在境内设塔卧镇，并成立了永保、郭亮县苏维埃政权，属永保县。民国二十四年（公元1935年）6月，属湖南省湘西绥靖处第三行政督察区。民国二十六年（公元1937年），湖南省普设行政区九个，属第三行政督察区辖县。民国二十七年（公元1938年），湖南划十个行政督察区，属第八行政督察区。1949年属湖南省永顺专区。1952年8月，湘西苗族自治区成立（1955年改为湘西苗族自治州），永顺为其代管。1957年9月，湘西土家族苗族自治州成立，永顺为其所辖。

老司城城址所在地主要族群是自古定居于此的土家族，先由该地部落酋长吴著冲统治，五代时期（10世纪）以彭士愁为代表的彭氏政治集团日渐强盛，迅速取代以吴著冲为代表的部落酋长，成为该地区的统治者，传统的部落酋长制也随即变为彭氏政权的世袭统治。后唐长兴三年（公元932年），马希范继楚王之位，古溪州由彭士愁袭任刺史，彭士愁文韬武略，四处征伐，统治疆域迅速扩大，自置上、中、下溪州，保靖、永顺、龙赐、天赐、锦、奖、懿、远、安、新、洽、南、富、宁、来、顺、高、忠顺、感化等20余州，领域在今湖南永顺、龙山、保靖、古丈、溆浦、辰溪、芷江，湖北来凤、宣恩，四川酉阳、秀山一带，涵盖湘、鄂、川、黔、渝等省市。后晋天福四年（公元939年），彭士愁领锦州、奖州、溪州部众，与马希范部爆发了历史上著名的溪州之战。战后双方罢兵议和，马希范效法其烈祖昭灵王“树铜柱于象浦”的做法，以铜五千斤铸柱，把战争的经过和议和的条款以及双方的铭誓镌刻于铜柱之上，并立于会溪坪。“复溪州铜柱记”铭文全面讲述了古代土家族地区的民族源流、政治经济文化军事状况、溪州之战发生的原因、战争的过程、双方协议的条款、各自所辖地域的划定等内容，为此后彭氏政治集团与其他政治集团，特别是中央王朝和平共处提供了政策依据和政治范本，从而奠定了彭氏政治集团作为最高行政管理机构在古溪州长达八百多年的统治基础。

南宋绍兴五年（公元1135年）彭氏第十一世首领彭福石宠（冲）把治所由龙潭城迁入老司城，由此揭开了彭氏统治集团大规模兴建老司城城址的序幕，经过历代统治者近600年的经营，老司城迅速成为雄踞西南各政治集团的一方重地和古溪州地区的政治、经济、文化和军事中心。从此，在中原大地经历五代十国和宋元明清等各个朝代变更的剧烈动荡的社会里，世袭的彭氏政权却始终偏安一隅，连续承袭28代共产生35位统治者，直至清雍正六年（公元1728年）“改土归流”，彭氏政权才方告结束，溪州人民也得以在动荡的社会中安享800多年没有边患战乱的相对安定的生活，域内的土家族、苗族、汉族各族同胞得以休养生息不断发展壮大。

险峻雄奇的山水造就了无数神奇的自然风光。老司城域内地质时代古老，地层单元多样，地貌景观多变。域内千姿百态的岩溶、深谷、石林、自生桥、暗河、溶洞和溶泉景观与酉水沿岸丰富壮美的山水资源、得天独厚的自然环境、温暖适宜的气候条件，为本地土著人类的出现、土家族的独立发展提供了天然的条件和丰富的营养。作为土家族的发祥地，这里系统完整地留存着具有独特文化内涵和人类学特征的文化空间。从酉水沿岸古人类考古和100余处人类活动文化点来看，老司城所在地人类活动最早可上溯到旧石器时代，而且各个历史时期的人类活动遗迹和文化点能够全面承接，没有任何断层。从《张古老制天李古老制地》《傩公傩母的故事》《涨齐天大水》等土家族神话传说和境内土家语、毛古斯、摆手舞等非物质文化遗产特征和表现内容来看，域内土家族为世居本地独立发展的民族，具有古人类文化发源完整链条和典型特征。综合文物考古和民族文化传承，可以看出境内早期人类为当地土著居民，后来，随着社会的发展，文化特质传递和文化结合不断增强，不同民族和文化体系的交往开始慢慢形成。春秋战国和秦汉时期，先后有巴人、濮（僰）人的一部分往南迁入此地。两晋时期，中原少数士大夫随族迁入此地。隋唐时期，乌蛮人融入本地。唐末和五代十国时期特别是彭氏世袭统治时期的宋、元、明、清各个朝代，本地均有江西、河南、四川、贵州、重庆及中原和西南其他地区部众随族迁入，与当地族群融合发展，继而共同形成民族统一体。这些品种繁多、数量齐全和具有土家族标识性的优秀民族遗产，对中国土家族的起源和特征提供了重要的文化佐证和典范样本，对土家族的认定与确立做出了巨大的贡献。中华人民共和国成立后，国家开始重视民族识别工作，1950 年，永顺灵溪镇人田心桃向中央提出土家族为单一民族，引起党中央和政务院领导的高度重视，并委派当时国内著名民族学家、社会学家、语言学家、音韵学家、历史学家、考古学家潘光旦、王静如、汪明瑀、胡克瑾、杨自翘、严学窘等人组成了联合调查组，多次深入永顺进行调查，最终在 1956 年 10 月宣布土家族为中国单一少数民族，并于 1957 年 1 月 3 日正式确定为土家族。

老司城独特神秘的山川地貌和遍布域内的河流、山峦、瀑布、山泉、峡谷、溶洞景观，为土家族的诞生和发展提供了理想条件。千百年来，勤劳勇敢、聪慧善良的土家儿女，在这片神奇的土地上创造了光辉灿烂的文明，从而为中华民族的起源、成长和文明体系的全面形成提供了重要的历史依据。老司城作为土家文化摇篮酉水流域的核心区域，为中国土家族的发祥、全面融入中华文明进而成为中国56个民族中的一员做出了不可磨灭的贡献。从此，世居于此的土家人民，择居西南一隅，躲过了宋朝以降的各种纷争，在时代夹缝中生存了下来，进而繁衍生息，为土家族新的文明元素和新的文化特质的全面形成打下了坚实的基础。中华人民共和国的成立特别是中国全面实施改革开放后，土家族进入了社会经济全面发展，人民脱贫致富奔小康的新时代。

将溪州老司城保护好、传承好、弘扬好，是我们土家儿女共同的责任和应尽的义务，而向盛福同志就是土家儿女中杰出的代表。

向盛福同志年近80岁了，他从2002年退休后，一直笔耕不辍。18年来，他永无休止地宣讲着老司城、撰写着老司城，同时还一直全程参与老司城遗址申报世界文化遗产和老司城遗址的保护等各项工作，他的《土司王朝》《老司城民间故事集》《溪州土司制度盛衰轶事》等著作和《溯源老司城历史》《彭氏土司与朝廷的关系》《溯源老司城八部大王历史》等10多篇文章，成了申报世界文化遗产的主要宣传材料之一。他为老司城成功申报世界文化遗产付出了大量的心血和汗水，做出了不可磨灭的贡献，多次受到省、州、县各级领导的一致好评，深受老司城广大人民群众的爱戴。在他前几本书中有北京大学、中央民族大学王铭铭教授为他的题词“深入研究土司文化，优化民族政策，造福世界”；有中国社会科学院历史研究所清史研究室主任、研究员、研究院二级教授、博士生导师和博士后导师李世愉为他的题词“勤奋著述，不知老之将至”。

向盛福同志送来的《溪州老司城》，我阅后感慨良多，欣喜无比。该书从“溯源老司城历史”“老司城原遗址内罗城文化”“内罗城以外的文化文物”等13个方面详尽描述了老司城的历史文化、民族文化、土司制度、彭氏土司文化、遗址文化、山水文化等。向盛福同志老有所为，不惜牺牲个人的晚年休息时间，矢志研究世界文化遗产老司城的文化，这种精神十分难得。这本书体现了向盛福同志对民族、对家乡的无限热爱之情，值得点赞和发扬。

溪州老司城正值保护、利用、传承和发展的黄金期，这本书的付梓，将会对永顺老司城的保护、开发、建设和发展起到积极的推动作用。勿忘过去，勿忘历史。让我们肩负起中华民族伟大复兴的时代使命，以向盛福同志为榜样，真抓实干，砥砺前行，为国家强盛、民族富强做出自己的贡献。

是为序。

目　录

第一章
溯源老司城

第一节 商周秦汉话源头

吉首大学田清旺老师著的《从溪州铜柱到德政碑》（北京：民族出版社，2015年，第6页）载："溪州的历史得从远古的石器时代说起。早在10万年前，在溪州一带活动的土著人乃百濮族系的人们。他们的足迹几乎遍及整个溪州地域，留下了许多古遗址和原始的文化遗产。直到战国时期，当三苗集团的一支从黄河流域辗转至洞庭湖区，再进入溪州之域时，世居溪州的土著濮人族群，他们的足迹遍布溪州大地，今不二门洞穴遗址现存，在方圆近200米的范围内，共有22个遗址点，面积3万平方米。不二门洞穴下200米是清澈见底的小溪，四周山峦重叠，森林茂密，这里是他们以渔猎为生的早期先民的理想住地。"《永顺县志》载："唐天授二年（公元691年）置溪州。"据老司城民间传说，溪州府衙在老司城。

永顺不二门与老司城相距20公里。专家认为老司城遗址文化与不二门遗址文化类同。在万马归朝的老司城，原始森林茂密，灵溪河清澈见底，河水微波荡漾，八部湾山谷幽深神秘，弄塔地段地势平坦，这里是商周古人以渔猎为生的最佳繁衍之处。

老司城灵溪河下游的"弄塔"及"白砂溪"的源头"龙洞"都是土著先民活动的最早地方，其历史之源略可追溯到商周时代。

据《土司制度与彭氏土司历史文献资料辑录》（罗维庆、

罗中编著，北京：民族出版社，2014年）引《明史》卷310列传198《土司》[（清）张廷玉等，北京：中华书局，2007年，第7981—7982页]：“西南诸蛮，有虞氏之苗，商之鬼方，西汉之夜郎、靡莫、邛、莋、僰、爨之属皆是也。自巴、夔以东及湖、湘、岭峤，盘踞数千里，种类殊别。历代以来，自相君长。原其为王朝役使，自周武王时孟津大会，而庸、蜀、羌、髳、微、卢、彭、濮诸蛮皆与焉。及楚庄蹻王滇，而秦开五尺道，置吏，沿及汉武，置都尉县属，仍令自保，此即土官土吏之所始欤。”

第二节　汉唐以来羁縻州

汉至南北朝梁武帝天监元年（公元502年）间，在距不二门20公里的老司城，为原居民先民常来常往和居住的地方。《后汉书》称这一地区的土著先民为“武陵蛮”。《宋书》及《南史》对土著先民称居武陵的“荆州蛮”；《南齐书》除互用“武陵蛮”与“荆州蛮”，又有“五溪蛮”之称。

著名人类学家林河先生考证这里的“五溪”是：“辰溪、酉溪、雄溪、舞溪、樠溪。”这里有图腾女始祖崇拜、男性八部大王崇拜等。先民从洞穴走出来，留下了许多繁衍生息的遗迹，包括不二门商周文化遗址、千里酉水沿岸“崖葬”文化等。又有学者认为：夜郎国都就在辰州、溪州等“五溪”境内。

中华人民共和国成立以后文物考古部门在酉水流域的保靖县拔茅乡水坝村发现并出土过八部大王庙残碑铭文：“首八峒，历汉、晋、六朝、唐、五代、宋、元、明，为楚南上游……故讳八部者，盖以咸镇八峒，一峒为一部落。”

历史上的八部大王是哪八个呢？据《摆手歌》所载为熬朝河舍，“西梯佬、里都、苏都、那乌米、龙此也所也冲、西可佬、接也飞也，那飞列也”，他们在酉水流域（溪州）分别管理一个部落（峒）。

又《土家族土司史录》、永顺弄塔《王氏族谱》载：“其先避秦奔楚至溪州，古为黔中地。因避秦乱南来，先入蛮地，立基于王村，结草为庐，羁栖于此。夫坐镇既久，乃得习蛮人风俗，解其语言，探其巢穴。于蛮驯者抚恤之，冥顽者诛戮之，然后征八蛮、平九荒、定五溪。”（摘录于湖南省少数民族古籍办公室主编、王承尧等选注：《土家土司史录》，长沙：岳麓书社，1991 年，第 7 页）。

笔者撰写《溪州土司制度盛衰轶事》时，中央民族大学中国少数民族研究中心主任张海洋教授有序：“第一，武陵山文化生态。中国江南原是东夷、百越、百濮、苗蛮和氐羌聚居区。越人世居河谷，其他民族多居山岭以避瘴疟。江南的山脉东有武夷，中有武陵，西有乌蒙、大小凉山，是南北走向，跟江河一起连接秦岭和云贵高原，既是当地居民的文化生态家园，也是外地移民迁徙、走廊和寄身之地，因而这里最能促成民族文化多样性。”

他还提道：“秦汉以来，中东南山地被中原王朝不断穿插渗透，但武夷山南岭东段，仍有畲族、瑶族、苗族等民族用化整为零的方式守望生态家园。武陵山是最靠近中原的少数民族连片集中地区。”杨盛龙也曾在《二酉散简》里，备言东经 110 度、北纬 30 度的武陵“桃源秘境”神奇之处：南方热带植物借秦岭屏障能延伸到江北，北方温带植物能以高山掩护扩张到江南，各地各民族因而能在这里找到休养生息之处。张教授还提到古时“中国有很多边疆地区的‘民族走廊’或跨省区的‘三不管地带’。武陵山就是这样的中枢虚空之地。武陵山十万平方公里范围没有中心城市，只有山间村落边城小镇，既能让山里人安居乐业，也能包容外地人安家立业，是人口和文化再生产的天然基地。晋人陶渊明把它看成桃花源洞天福地，武陵山民族和中央王朝的长期博弈，终于形成一种制度创新；朝廷的‘土刺史’最早在这里确立且绵延不绝，其享年略与上古‘大彭国’（今徐州）相类，地位跟周朝不相上下。”

上述张海洋教授序文为笔者研究、撰写溪州老司城拓展了视野。譬如弄塔《王氏族谱》：“其先避秦奔楚至溪州”，凭借这一句话就知道王姓祖先是在先秦或是秦与六国战乱之时迁徙至老司城南大门王村定居，这无疑将王村之名在汉之前就已经确立提供了佐证。“夫坐镇既久，乃得习蛮人风俗，解其语言，探其巢穴。”这又证明了原居民苗裔等本地先民接纳和包容外来民族的加入。当时老司城的弄塔（龙潭城）、白砂溪沿头的龙洞、万代屋场、老司城灵溪河两岸、永顺附近的龙山、古丈、保靖、桑植等地，早在商周至秦汉时期，就有外来民族与本地先民融合定居。

张教授的序言还回顾了土家族识别的过程。1956 年 12 月—1957 年 1 月，中央民族大学潘光旦教授以独腿之身，靠拐杖支撑在武陵山区调查，写出《湘西北的土家与古代的巴人》，调动多种资料证明土家族作为古代巴人后裔，是不同于“汉”亦有别于“苗”的单一民族群体，成就了中国民族识别的一大功业。潘光旦先生当年是受全国政协和中央统战部委托，配合土家族代表田心桃、彭勃、向达，梳理出土家族源头，完成了一项重要的政治任务。

笔者的祖母鲁隆英老人跟毛泽东主席同庚且同年辞世。笔者幼年饱受祖母熏陶。她给笔者讲述过当年中央、省、州、县组织民族调查组来到老司城的经过，讲述了土家族的文化习俗。她曾把她跟祖父向大荣成婚时的丝织土家服饰无偿献给调查组。祖母讲五代以前唐贞观后的280余年里，老司城曾是繁华山城。她说王姓中的吴著冲及其祖先六代称王，在湘西永顺境内赫赫有名。笔者认为六代中或有兄终弟及之事，六代中乃有8—10位吴姓称王。除了末代吴著冲残暴覆灭，祖上各辈均得百姓拥戴。当时包括龙山、保靖等溪州“八部境内”八部大王，均采用王位世袭制。如保靖出土的八部大王庙残碑载：“首八峒，历汉、晋、六朝、唐、五代、宋、元、明，为楚南上游……故讳八部者，盖以咸镇八峒，一峒为一部落。”而保靖（三亭）出土的八部大王铭文中有“涅壳赖”八部大王，笔者认为应与吴著冲祖先在唐中期同一时代。龙山的惹巴冲、春巴冲等与老司城的吴著冲是同一时代的人。

张海洋教授在《溪州土司制度盛衰轶事》序中写道：“武陵山区域在土家族、苗族、侗族形成之前，还应该有着更深的濮人、仡佬族、氐羌等民族底层。这些底层居民拥有稻作兼渔猎生计、干栏建筑、尊重妇女、敬重舅权、崇拜图腾、豪爽尚武、重死轻生、热衷交游及丧事唱歌婚事哭嫁等生活方式和习俗。春秋战国前后，更有苗瑶、巴蜀、荆楚、华夏等民族集团从不同方向迁入。其西北侧居民受巴蜀移民影响较多，从而构成‘巴人说’基础。但武陵山西南靠近乌蒙山，土家语更接近藏缅语族的彝语支或羌语支，立柱盟誓也是典型的乌蛮习俗。东汉马援长期跟边疆民族打交道，故而习得此俗。这说明土家先民底层受乌蒙蛮的影响要早于巴人，或者说土家语原本或以湖北宣恩将军山为界有南北分支。”

笔者祖母说：“土家人自称‘毕兹卡’，即本地人。她称苗裔人‘白卡’，即近邻人，称汉人‘帕卡’，即客家人，称外地人为‘客家’，而本地本民族为‘土家’。”祖母还说，土家族人民极为憨直、朴素、勇敢、包容、重义。当年吴著冲阴险残暴，人称“忤逆子”，但其死后仍被人建庙祭祀，同其他八部大王被湘西土家人奉为祖先神。后人跳大摆手、茅古斯舞表示对他们的敬仰。这就是土家人的包容性和宽容性的体现。

张教授在笔者的书序中又提到民族认同。武陵山现有土家族、苗族、侗族、汉族、维吾尔族、蒙古族、回族、满族等民族，民族关系一直和睦融洽。笔者祖母也曾说过，老司城世居的八部大王后人与附近苗裔人从未有相互斗殴打杀的例证，在历史的长河中相互通婚，和睦相处，形成你中有我、我中有你、割舍不断的关系。

通过老司城的“楚南雄镇”牌坊，可以追溯“楚南”历史。《史记》曾载太史公曰：楚国的祖先难道是上天赐予的禄位吗？在世时能事文王而受封于楚。待周朝衰落，楚国土地号称方圆五千里。秦国灭亡诸侯，只有楚国的后代还能做滇王。汉朝讨伐西南夷，那里的政权大都灭亡，只有滇王仍得汉朝宠爱并且土地得以保存，最终被汉朝设为西南五边郡之一。

吉首大学罗维庆、罗中老师编著的《土司制度与彭氏土司历史文献资料辑录》“绪言”载：土司制度渊源可追溯至远古，《来凤县志·土司志》“总考”说：“盘古以来，虞之有苗，商之鬼方，周之西夷，介居杂处于五溪六诏之间，保有疆土，自相君长。视王朝德政之盛衰，兵力之强弱，以为叛附，由来久矣。自庄蹻王滇，而秦开五尺道，为置吏之始；及汉设都尉县属，令自保就，为置郡县之始；唐初溪洞蛮酋归顺者，世授刺史，置羁縻州县，隶于都督府，为授世职之始；宋参唐制，析其种落大者为州，小者为县，又小者为洞，其酋皆世袭。宋室既微，诸司擅治其土，遍设官吏，尽布籍属，咸福自恣矣。元置军民府，土州、土县，设官如府，州、县其法略备。前明踵元，故事更与约束。”这段记载大致勾勒出了土司制度逐渐形成的线索；自三代之时起，“介居杂处于五溪六诏之间”“自相君长”的原居民，经秦之置吏，汉之建郡，唐之羁縻州约束，自元以下，设官如府，州、县终成元、明、清三朝的土司制度。这项政治制度从政策的实施来看，与唐时期出现的羁縻制政策贯穿其始终。

由此可见永顺老司城自唐代设置溪州，就跟45公里外的南大门王村并存。八部大王“从汉、晋、六朝到唐、宋、元、明”各个朝代，就守住千里酉水主支流猛洞河、灵溪河流域世代承袭，同时按照中央王朝的政策“齐政修教，因俗而治”，体现了他们的执政智慧。

民国十九年张孔修撰写的《永顺县志》第12—13页沿革载：“永顺，禹贡荆州之域，战国属楚，秦为黔中郡地（公元前306—公元前209年），汉为武陵郡。”武陵郡下设十三县。其中酉阳县城就在今王村。老司城当属酉阳县王村管辖。秦汉对边疆实行郡县制。县城设坊，郊外设村，村下设“寨”。老司城曾经设村。老司城顺灵溪河下游12华里（6000米）的“弄塔”又名龙潭城，说明“弄塔村”颇有历史地位。永顺《彭氏族谱》载：“第四世承袭的溪州刺史彭允林，乃彭师裕之长子。后唐天成二年（公元927年）生，宋开宝四年（公元971年）承袭，至道元年（公元995年）卒，殁后葬弄塔村。第八任溪州刺史彭仕羲。天禧三年（公元1019年）生，宝元元年（公元1038年）承袭，元祐四年（公元1089年）卒，殁后葬弄塔村。”

弄塔历来由老司城所管辖。弄塔设村时间应在汉代，属王村（酉阳）县的直接管辖，老司城该在其内。但由于八部大王的势力，也由于溪州原居民先民和其他先民对八部大王的崇敬思想，那时在“蛮不出峒”的束缚下设村名号不显，仍由溪州八部大王统领。因而迄今传承的只是“某某八部大王”而非“某某村”。

土家族的祖先神八部大王，受后代族人的敬仰，民间传说是“龙”的传人。吴著冲及其祖先六代或许称王，“王”是“龙”的现身。因而八部大王到过的地方，或吴著冲行走过的地方，都以“龙字开头作地名”。后来因王号而称姓定居王村的苗裔与原居民先民融合，再沿酉水溯灵溪到老司城下游的龙潭城，再上溯到司城小河白砂溪龙洞，直到上溪州龙山。如果反过来走，则是从龙山至龙洞，再到老司城下游龙潭城龙门沟等地。总之都是“龙”字开头的地名。

华夏上下数千年，“龙”成了中华民族的精神图腾，成为中华民族的象征和中国文化的象征。湘西溪州原居民先民也有崇拜龙的传统，所以将祖先神“八部大王”当成上天下凡的真龙天子。

民国十九年《永顺县志》载：“天授二年（公元691年）析辰州置溪州，天宝元年（公元742年）改为灵溪郡，乾元元年（公元758年）复旧。”清·乾隆年间《永顺县志》沿革载：“楚国之境也，秦属黔中郡，汉武陵郡，隋为辰州地，梁为福石郡，唐天授初析置溪州，又为灵溪郡。”“按府志沿革表，谓溪州灵溪郡，唐中和三年，蛮酋分据，自治刺史。”

民国十九年张孔修撰写的《永顺县志》将老司城设县、设府、置郡，从禹贡、春秋战国、秦汉至唐末记载得很清楚。其中福石郡、灵溪县、溪州、灵溪郡等，都因灵溪水得名。福石郡以老司城遗址后山福石山命名。梁武帝萧衍天监元年（公元502年）所载，就应是老司城原名福石城的源头。灵溪郡、福石郡分别以水山称谓得名，这在湘西乃至大湘西（五溪）境内绝无仅有。神秘的老司城从商周以来，特别是从秦汉至唐末以来，彭氏土司在溪州治理八百余年。至清雍正六年（公元1728年）止，经过历朝历代州府、县府、郡府及历代八部大王的治理，老司城留下了传奇的历史、民族、建筑遗址、佛教道教、土司制度、彭氏家族等文化，涉及政治、经济、军事、建筑、民族团结和社会和谐等诸多方面，给后人留下了宝贵的物质财富和精神财富。

将溪州老司城的文化传承下去，并以自己的毕生心血歌颂、赞美、传承土家文化是笔者一生的宏愿与责任。

第三节　弄塔村地盘及归属

绿树掩映下的龙潭城遗址

千坵田洞奇观外景

弄塔又名龙潭城。龙潭城下面约 1 华里（500 米）处有龙门沟，老司城“白砂溪”“龙洞”这些地名均以“龙”字开头。龙洞，实际没有洞，而是一片不到 10 亩的田土。又如上溪州“龙山”，哪一座山叫“龙山”？中央民族大学潘光旦教授等前辈对此早已有定论。老司城附近只要是以“龙”字开头的地名，都是八部大王曾经的住处。

据民国二十三年重修的《弄塔工氏族谱》载：“王氏祖先避秦奔楚之溪州，一日遗周巡逆流而上，沿崖见深菁丛集，中有广大平原，水绕山环，鸟声清越。遂乃披荆伐木结草为庐，而王氏肇造有基。祖先生平忠信明决为众所允，凡蛮人互相争斗得祖言而解，蛮众以此向化，立为蛮长，尊其号曰‘墨着王’。坐镇既久，乃得习其风俗，解其言语，探其巢穴，于蛮之驯善者抚恤之，冥亡者诛戮之，而蛮风以靖，又复督耕以遂其生，教礼让复其性，而习染渐除，然后征八蛮、平九荒、定五区，有苗远迁，而峒蛮纳款，王氏为开创治民之主，实始于此。”

据此族谱可知，永顺（溪州）包括老司城弄塔王氏，均在秦末统一中国之前就来到王村一带定居并定地名。王村在武陵郡下设十三县中属“酉阳县”。县城就在王村。王村是永顺（溪州）最早建村之例，以后历朝历代至改土归流乃至中华人民共和国成立，一直保存。

弄塔村既是王村酉阳县管辖的村，也是溪州最早以自然村落建立的村。当年谁是弄塔村的村正（长官）？应是王氏家族即曾拥有酋王地位的王姓后裔。老司城民间传说的吴著冲及其父吴着冲、伯父吴着塔（“甲”）都曾住在弄塔。直到后来永顺《彭氏族谱》记载的：彭仕羲于北宋元祐四年卒，葬弄塔村。

弄塔的地盘

弄塔村地盘，南从今哈尼宫调节坝以上，东至朗溪河渡口坎上的一个自然村寨，北至弄塔山地背后的岩落湖山顶，西南至雅颂溪与今抚志的马拉山界，占地 15 平方公里。其辖区包括：东朗溪河渡口，即土司时代朗溪关的一个自然小寨，弄塔山后的今雅颂溪寨则由包括弄塔在内的三个自然山寨组成。

弄塔又名龙潭城。吴著冲与父亲吴着冲时代已是繁华山城。传说中的吴著冲 20 岁时便很有胆识，请上溪州惹巴冲、春巴冲到龙潭城做客，与他们结拜金兰组建蛮兵。推测当时有 300 户、1500 人左右。从唐末吴著冲被消灭之后，再到彭士愁孙子彭允林时代，弄塔盛极一时。据永顺《彭氏族谱》《溪州土司全传》载："彭允林，土家语名麦吉把，彭师裕之长子，后唐天成二年（公元 927 年）生，溪州人，宋开宝四年（公元 971 年）承袭父职。在任期间，慈惠爱民，克定祸乱，从而稳坐溪州刺史兼都誓主之位，并将治所由会溪坪迁至城池隐蔽、四域天险的龙潭城。宋至道元年（公元 995 年）卒，因子彭文勇褓褓多疾，年幼，传弟彭允殊承袭，在位二十五年，寿六十九，殁葬弄塔村。谥号忠武。"

宋开宝四年（公元 971 年）彭士愁孙彭允林在弄塔村重建龙潭城。唐末彭允林的祖父彭士愁，曾祖彭瑊在湖南楚王马殷的指挥下逐走吴著冲至龙山洛塔剿灭，于是龙潭城（弄塔村）、吴着大村等土地都被彭氏所有。

据《明史·湖广土司》载："永顺，汉武陵，隋辰州，唐溪州地也。宋初为永顺州。嘉祐中，溪州刺史彭仕羲叛，临以大兵，仕羲降。熙宁中，筑下溪州城，赐名会溪。元时，彭万潜自改为永顺等处军民安抚司。"

宋熙宁元年（公元1068年），熙宁六年（公元1073年），彭仕羲筑下溪州城，赐名会溪。在其宋代期间彭氏有彭允林于宋开宝四年（公元971年）在弄塔重建龙潭城。彭允殊、彭文勇、彭儒猛、彭仕端、彭仕羲等六任溪州刺史均曾兴建龙潭城。在六任彭氏刺史中，从宋开宝四年（公元971年）至宋熙宁六年（公元1073年），弄塔村（龙潭城）彭氏有刺史级官员治理102年。其中下溪州会溪坪及后山堡治所"九龙磴"，也是彭家巡回治理之处。

湘西永顺老司城的弄塔，也是溪州最早的古村落之一。龙潭城（弄塔村）先后有彭氏三代六位刺史百余年治理，此前更有吴著冲祖上治理200多年，当是溪州最早的古村及古城。

南宋绍兴五年（公元1135年），第十一任溪州刺史彭福石冲撤会溪坪、废龙潭城另建老司城。这是溪州彭氏兴旺鼎盛的标志。

弄塔村归属永顺溪州刺史彭福石冲管理，明代吴着大村所辖，现仅留下村名传承于世。

龙潭城撤后的地盘屋场遗址归属

彭福石冲撤龙潭城之后，弄塔村居民王、彭、秦等姓氏陆续迁往老司城，有的迁往山后雅颂溪。其中秦姓初来时便为彭氏捕鱼，彭、秦两姓有几百年交情。彭福石冲将秦姓迎到老司城桐油枯（今喻家堡），专修商业街名鱼肚街（渔度街）供其居住兴业。

民间传说，彭福石冲为在老司城兴城，曾将弄塔（龙潭城）彭氏家业售给同村王姓、秦姓、彭姓（具体售价不详）。

龙潭城土地肥沃、交通便利，东去铜瓦溪、羊峰、狮子桥、石堤西；东南去西米、高坪、王村，水陆均很方便。门前灵溪河渔业发达，后山禽兽繁多，是种植、渔猎的理想场所。秦、彭、王等姓滞留此地开垦田园，利用千丘田洞水将部分城址开垦成良田沃土。共有水田30余亩，旱地约100亩。

元末明初，老司城更见繁荣。明洪武六年（公元1373年），老司城大规模营建，秦、彭、王三姓人已分别在老司城定居，相距约12华里（6000米），现在弄塔耕地仍由这几姓耕种。

明代老司城“吴着大村”已有城内3000户，城外800家，是彭氏土司最鼎盛的时期。这时的弄塔田土主人以收取租金的方式租给别人耕种，清雍正六年（公元1728年）改土归流前，居住在吴着大村南门巷坎上的陈姓家发人兴，陈姓将弄塔三姓产业全部买下。直到民国年间，弄塔田土所有权属陈姓的陈昆生。但到其子陈仲心媳向用英时，陈姓缺少劳力，遂将弄塔田土低价租给当地的王文习（别些人）、邓世清（雅颂溪人），朱泽清（周家湾人）。

1954年“土改”复查时，陈仲心被划为“小土地出租者”成分，其房屋田土产业被分给贫穷人家。现今弄塔田土山林等归司城村的雅颂溪小组14户64人享有管理权及经营权。2016年按照国家政策再延长30年的土地承包政策，龙潭城遗址地，同样是司城村雅颂溪小组14户64人享有管理权和经营权。

第四节 唐代老司城部落经济

（农业、手工业）

自唐贞观年间以来，老司城原居民先民已从以渔猎生计为主发展到以农耕生计为主。唐代八部大王部落时的老司城及溪州，一是在老司城设县设郡及溪州府衙从未间断；二是王氏吴着大村的祖先（八部大王）长时期镇守此地；三是多民族文化融合并引进汉区先进种植业技术，包括引种稻谷、小麦、玉米及各类杂粮。

从弄塔至自生桥的灵溪河两岸，利用洞水、沟水，山沟、溪边均开田种稻谷，老司城白砂溪利用溪水灌田，筒车打水灌田，沿溪流皆是，虽无法计算当时开垦稻田的面积，据老人估计人均 0.5 亩是有的。现在耕地面积中的梯田坡地遍布往昔的老司城。

现在我们只要进入荒山或森林中去，就可以见到用就地取材的片石、卵石砌成的梯土。如八部湾山沟至八桶湖，有的只有 2 亩土地却由 150 多级阶梯砌成，俗称“上天梯”，说明当时人类已经改变刀耕火种的原始种植方式。唐中期以后，老司城在绿水青山蓝天白云下还大量种植油桐、茶叶、苎麻、棉花等经济作物，编织业尤其发达。

民国《永顺县志》卷十载：“《后汉书 · 南蛮传》载，岁令大人输布一匹，小口二丈，谓之赍布。宋《苏东坡集》载，溪州贡溪布。《大清一统志》载永顺出土锦，《湖广通志》载永顺出苎麻峒巾，《湖南通志》载永顺出土绫斑布。《永顺府志》载永顺斑布一名土锦，或经纬皆系，或丝经棉纬，以一手织纬一手用细牛角挑花，遂成五色。《府志续编》又载有土绸土绢，苗布苗被等类。”

以上史料表明，自汉以来的溪州原居民苗裔种植方式及作物渐与汉区农耕相同，只是产量或不如汉区，但手工业独具特色。

手工业中的造纸业

唐贞观年间之后，当地手工业不断发展：下从龙潭城沿灵溪河至老司城，沿岸家家造纸户户制香。因为灵溪沿岸山坡生长有桂竹、水竹、山竹、辽竹等，十分茂密，是造纸的上好材料。原居民先民可上市卖纸兑换大米，还可换回茶油等生活用品。

唐代老司城宗教文化

老司城的“玉皇殿”原在河西大滩口坎上，地名“玉皇坪”（文物部门考察曾发现遗址）。笔者在《土司王朝》中已经提到，河西的“玉皇殿”是吴著冲祖先在唐代中期建造的。

现在的祖师殿是后晋天福二年（公元937年）彭士愁主持建造的。民国《永顺县志·地理志》卷六引《唐志·杂记》载：“祖师殿在旧司城。晋天福二年建，正殿柱四，大数围。上架枋处，无斧凿痕，真神工也。相传为公输子显关所建。”唐代祖师殿建在今殿下方，面积稍小。笔者在《土司王朝》中讲过其为吴著冲祖先所建。

老司城观音阁又称观音庙。现在的遗址是彭士愁时代所建，原殿相距约50米，当地百姓称“雷公扫殿”。因在唐中期时，和尚们在殿内，遇一次雷击至殿中，故名“雷公扫殿”，以后移至下方。

唐代自贞观之后至武后称帝之时，佛教文化已经发展到极盛时期，贞观年间的唐玄奘西游，引进佛教文化到中国。笔者20世纪80年代曾住西安一个月，所见西安大雁塔由唐玄奘设计督建。那时佛教、道教不仅在西安发展且向全国蔓延。老司城佛教在唐中期得到发扬光大。左和尚92岁徒步至南海普陀取经的故事流传至今。

第二章

老司城原遗址内罗城文化

第一节　发现、发掘和“申遗”简忆

老司城遗址于1986年第二次全国文物普查中被发现。1996、1998年，湖南省文物考古所连续对老司城遗址做考古调查、勘探发掘并出土了丰硕文物。2009—2012年，湖南省考古所又对老司城遗址核心区及周边别墅、行署、庄园、哨卡、关隘、寺庙等遗址进行了全面调查发掘，取得重大成果。其间故宫博物院原院长张忠培，在州县领导的陪同下视察老司城遗址并给予很高评价，他说：“老司城遗址保存得完整，规模较大，内涵丰富，有鲜明的文化特征，是中国西南少数民族地区保存最完整的军事性城堡。”

2012年11月，老司城遗址入选中国申报世界文化遗产预备名录。笔者认定老司城遗址“申遗”必能成功，因为它既有“原生态、原遗址、原文化、原居民”的本真性，又有“真实性、唯一性和完整性”，符合世界文化遗产的价值和有关标准。

例如彭氏土司执行“土司制度”始于元代，完善于明代，终结于清雍正六年（公元1728年）改土归流的全过程，充分体现了“齐政修教，因俗而治”的执政理念、智慧和特征，同时符合普遍价值和世界遗产的价值标准。

一、文化遗产价值综述

土司系列遗产是13—20世纪中国西南多族群聚居地区行政首领土司的行政、生活中心聚落和山地城堡遗存，在背景环境、整体格局、功能构成、建筑风格等方面具有土司城址特有的共性特征。它们一方面保持了西南地区山地聚落典型的因地制宜、随形就势的整体形态，以及当地的传统建造工艺，另一方面均具有系统的防御体系，在聚落核心位置特别建造了布局严整、轴线对称、具有中央官式规制和建造工艺的大型行政建筑组群（衙署区），成为土司拥有中央授权的统治身份的象征。它们共同见证了古代中华帝国发展史中独特的“土司制度”及共管理念，展现了统一的多民族国家中不同民族文化思想交流，树立起理解认同统一国家的共识。这对推动社会整体发展、保障国家长治久安、铸牢中华民族共同体意识、促进各民族交往交流交融具有重要价值和启示意义。

二、世界遗产价值标准对照分析

土司系列遗产在多山地区土司城址的聚落格局及建筑形式与风格的发展方面，展现了在土司制度作用下，中央政权与地方民族文化传承和国家认同、社会整体发展方面的人类价值观交流。符合世界遗产标准 ii。土司系列遗产作为土司制度完整实施典型地区的代表性物证，具有在历史时段、地理环境、族群属性、行政级别、功能构成、聚落形态、建筑风格等方面的共性特征和内在关联，能够体现古代中国独特的“土司制度”及其管理理念，符合世界遗产标准 iii。

2010 年 10 月，老司城遗址列入国家考古遗址公园立项名单。

2011 年 6 月，入选 2010 年度全国十大考古新发现。

2012 年 11 月，入选中国申报世界文化遗产预备名录。

在此过程中，中共永顺县委、县人民政府带领全县各级干部，全面铺开老司城遗址“申遗”工作。

笔者2002年退休后，志愿宣传老司城，讲解老司城，撰写老司城，全程参加“申遗”工作，甘心为“申遗”工作做贡献。

2015年7月3日下午4时20分，老司城遗址在德国波恩申遗会上全票通过，进入世界文化遗产名录，成为中国第四十八个、湖南省首个世界文化遗产项目。“申遗”成功后的永顺土家族、苗族、汉族各族人民分别聚集在永顺县大坝坪广场、永顺县新政府门前广场、芙蓉镇、双凤村、老司城文化广场等地欢庆，笔者也享受了这一欢乐幸福的时刻。

一时间，世人的目光投向偏远的古遗址文化山城——老司城。

芙蓉镇欢庆老司城申遗成功（中共永顺县委宣传部提供）

欢庆申遗成功

县城大坝坪广场欢庆老司城申遗成功（中共永顺县委宣传部提供）

新政府门前庆贺老司城申遗成功（中共永顺县委宣传部提供）

老司城村民欢庆成功申遗（中共永顺县委宣传部提供）

双凤村村民欢庆申遗成功（中共永顺县委宣传部提供）

第二节 核心区内涵

老司城遗址的贵族生活区体现了本地文化与中原文化的融合。

核心区遗址包括贵族生活区、衙署区、吴著冲治所等，共108亩面积，城墙以内又称内罗城。

该遗址经本地民族首领八部大王（自置刺史）自唐贞观至唐末280余年的治理，又经彭氏于后梁开平四年（公元910年）至清雍正六年（公元1728年）818年，共计1000多年的经营。老司城遗址体现出本地文化与中原文化的融合，形成文化多样性。其中包括政治、经济、文化、军事、民族团结、社会进步等方面，还包括饮食、服饰、建筑、生态风水、生活习俗等30多个方面，体现出中华文化一家亲的特点。通过发掘，在贵族生活区发现有大型建筑物基础，如原始空调、洗浴池、内部走道、天井装饰等地面和基础建筑。

生活区发掘出土有牛、猪等家畜骨和熊、野猪、刺猬等几十种野兽骨，还有明代土司在江西景德镇官窑烧制的青花瓷盘、碗等瓷器。

生活区外边，通过发掘清理有保存完好的436米城墙，北京故宫博物院张忠培前辈生前到此处视察时说："凭这堵墙就可以申遗。"为何？因为该城墙用的材料有棉花、桐油、糯米和沉淀后的石灰加河卵石砌成，它比现代水泥还坚硬。

第三节　宫殿区遗址——本民族文化与中原文化的融合特征

宫殿区遗址经过发掘，发现有西大门遗址、照壁遗址。笔者参加过 2012 年的发掘，出土了进深约 5 尺、横宽 3 丈多、两头由小片河卵石砌成的“西兰卡普”装饰铺面，照壁前有两堆旗杆基石。

关于照壁，笔者幼年在遗址内学校读书时，曾亲见当年第八区人民政府因修建礼堂将原照壁拆毁。据笔者祖母和老司城李、付、周、郑等前辈讲述：原照壁高 2 丈多宽 3 丈多、厚约 3 尺，双面光滑，每方各 4 个方孔，一面 16 个两面 32 个方孔，每孔镶嵌一颗夜明珠，双面嵌了 32 颗夜明珠。那时黑夜照壁前后如同白昼。照壁前面绘有双凤朝阳图，背面绘有 58 旗 380 峒地形图案（宫殿区西大门前立有一对大石鼓，即今彭氏宗祠前的石鼓）。

核心区村民们还记得诗人歌颂土司建筑方面功德的词句有：“照壁高二丈，江山八百年。”北京图书馆藏《永顺司志》记载老司城遗址上有：旗桅二树，旗名“承流”“宣化”。笔者的祖母也曾说过，向姓始祖中有一位得彭氏土司重用当升旗官立旗杆等。明代彭氏土司照壁又称内屏风，旗名“承流”“宣化”就是本民族文化与中原文化融合的体现。

宫殿区大门和中心三条内部阶梯也有融合中原文化的鲜明

特征。

宫殿西大门不是正对着西面而是坐东北朝西南，属“艮山坤向”。西大门阶梯由距老司城30华里（15千米）运来的红色条石岩砌成，红色代表美观吉祥，也保持跟明代故宫红墙同色，表示隶属关系。原宫殿大门枋，也是长条石岩并刻有双凤朝阳图案，损坏时间不详。

宫殿中心处有三条内部阶梯以小片河卵石砌成，中间阶梯1.48丈宽，两侧各0.88丈宽，步数经村民造田破坏无法弄清。这三条阶梯后面就是大型聚会厅。因为彭氏宋代前有督誓二十州的权力，“宋代称誓下州”。明代以后彭氏土司直辖58旗380峒，要召集这些人在聚会厅商讨治理溪州之事，人很多，加上彭氏都督府衙内的人员就更多了，所以需要大型会议厅。

如清彭施铎先生对土王宫中人多以诗评述：

山叠绣屏屏尾拖，滩悬石鼓歌音和。
土王宫里人如海，宛转缠绵摆手歌。

从三条内部阶梯又可以看出：一是当年人各有品级差别，中间宽道为土司王及其永属三州、六峒、旗长、峒民总管行走的地方，两侧窄道为丫鬟、服务人员上下行走的通道。每条阶梯为何设定高“八寸”呢？是因为土家地区有“想得发，要有八”的俗语，寓意发财之意。

20世纪70年代末80年代初，司城村民在此开田，很多建筑遗址遭到破坏，发掘后不可能完全将宫殿遗址呈现出来。我们且以明代鼎盛时期永顺宣慰使彭世麒于正德中撰写，清康熙年间由彭氏裔孙续修的《永顺宣慰司志》卷二载：此处有“公廨中厅一座，五间名纯武堂；间楼一座三间，名纯忠堂；

正厅一座五间，名筹边堂；东西厢房二座三间，竖匾曰‘钦命都督府’；旗桅二树；旗名曰‘承流’‘宣化’”。

上面资料中的“公廨”之“廨”按《中华大字典》载：“本义指古代官吏办公的场所，又指古代官员的衙署。”

上述资料中的建筑之名，纯武堂、纯忠堂体现了彭氏土司对中央王朝的忠诚；筹边堂体现了朝廷赋予彭氏平定边患的职能，从遗址整个的发掘和彭氏内部资料未出现一个“殿”字，体现了“齐政修教，因俗而治”的中国土司制度在彭氏执政时期上忠朝廷、下抚黎民百姓的鉴证。

第四节　地方民族特征

城门楼遗址“西兰卡普”图案

城门楼遗址在宫殿区中心之外照壁之前。

城门楼，又称鼓楼或钟楼。北京图书馆提供的原《永顺司志》载有老司城遗址有：“鼓楼二间。”但经发掘只发现一间(座)，另一间或为村民造田所毁。

整个遗址中，地面、内部阶道、天井装饰以小片石块组成花纹“西兰卡普”。图案概有：格字、人字、水波纹、虎熊牙齿、铜钱等形状。这座城门楼遗址用“八面来福西兰卡普”艺术组成完整图案，用意独特，弥足珍贵。有四方就有八面。这意味着彭氏土司治理溪州江山之久远，寓意彭氏即有前、后、左、右、东、西、南、北中有人来财赐福送富贵。为啥？因为八面来福是土家族姑娘未出闺之前常年在二楼深闺经挑、打、绣等精细五色花丝组成的图案——“西兰卡普”（被面）。它比一般妇人或女人织成的“西兰卡普”远为珍稀珍贵。有古诗为证：

清·彭勇行先生《山村处处》诗中一首

山村处处柳絮斜，闺女生来会打花。
四十八钩花并蒂，不知持送与谁家。

清·彭施铎先生《竹枝词》二首

司城少女发排头，春日抛梭织土绸。
忽见自生桥上月，绣楼门外挂钩钩。

婚期犹学占桃夭，一夜春风架鹊桥，
试问深闺小儿女，最销魂日在今朝？

城门楼遗址原有一对高大石狮，“文革”期间被人毁坏成磨盘，太可惜了。

第五节　城墙、排水沟渠和衙署区

内罗城整体呈椭圆形，除西北部（生活区）436米保存完好的城墙以外，其余只有5米、3米、2米不等的城墙，最高处有6米，宽有1米、1.2米不等。但整个城墙周长经过处均可见到基础。

地下甬道实为排水系统，有一条横贯东西的排水沟渠。据老人传说，有按金、木、水、火、土五行设计的9条地下甬道，但经发掘只发现4条，高6尺宽2尺多，沟底用青石板或河卵石砌成，以半圆形拱砌而成，因坚固而保存完好，沟渠直通灵溪河底。

衙署区是五级台阶，从正街直通第五级台阶共72步石阶梯，完整发掘只进行到第一台阶，笔者推测为当地民族的两层楼“四合院”，前有厅后有间楼，中间有通道，南、北有厢房。前两边有吊脚楼、内部走道、上二楼板梯存放基础等建筑遗址。天井排水同样用小石片组合成“西兰卡普”嵌画地面。

明代第二十二世宣慰使司彭世麒撰写，清康熙彭氏裔孙续修的《永顺司志》卷二记载：左新衙中厅一座，七间名寿禄堂；永镇楼一座三层五间；迎宾馆一座，铜桶一口，铁桶一口；正厅后堂一座，五间名奉先堂祀历代祖先；友应房一座五间；左右鼓楼二间；头门牌坊一座，横额曰：“楚南雄镇”。

站在宫殿处朝前看，衙署区在左边。上述资料和发掘出第一台阶的资料完全吻合。若老司城有幸在异地复建，按此资料的建筑布局、建筑名称等，必能体现衙署区风貌，展示土司王府的重要价值和意义。

寿禄堂、奉先堂、友应房、鼓楼等，皆按礼仪建造；其友应房是接待周边大小土司及外来客人的宾馆。

综上所述，生活区、宫殿区、衙署区三大块，均为考古队发掘之后证明真实存在的遗址，能够体现原居民、原文化、原遗址特征，既有真实性，又有唯一性和完整性。她是静止的文物，活着的文化。

老司城码头

灵溪河木桥

“楚南雄镇”牌坊

老司城正街

老司城左街

老司城半坡街

老司城东门街

老司城小德政碑

茅古斯舞（卢瑞生摄）

土家族打溜子（卢瑞生摄）

第三章

内罗城以外的文化文物

2015年“申遗”之前，省考古所柴焕波老师发掘衙署区第一台阶时，笔者同柴老师共同探讨过这第一台阶是什么规格的建筑，以及它的房舍规模及用途等。我们谈得很投机，观点一致。柴老师对老司城遗址内涵比较清楚，诚邀笔者从正街西门沿正街至左街、半坡街、东门街止，笔者将祖辈们传给我的遗址名称讲给柴老师听。每到一处遗址他都记下来，并拍照记录。

据《中国古代史》载：“唐贞观年间，在州县城郭内设坊、郭外设村。里正、坊正、村正，掌管检察户口，督促赋税，摊派徭役，防止人民起义逃亡。”

据《永顺县志》载：梁武帝天监元年（公元502年），至唐肃宗乾元元年（公元758年）这250多年里，设县设府记载清楚。唐太宗李世民是历史上著名的皇帝，在他统治时期，老司城郭内设坊，郭外设村的唐建置机构政策在老司城均得到落实。

笔者祖母说过，老司城古代有9个坊，七街内还有一条九坊街。即：河西“杩坊”（又名“世泽坊”），官用水井以上有“河西坊”、正街西门有“堂坊”、城门楼遗址前有“人杰坊”、衙署区外有“地灵坊”、左街巷有“巷口坊”、五屯街有“五屯坊”、东门巷有“东门坊”、九坊街有“显应坊”等（注：内罗城之名传于核心区原居民。）

每坊均建有土地堂。土地堂门前有一副五字对联。每坊置一坊正，负责户口及征收赋税抽调劳力兵员。

在核心区内的喻家堡为何不见设坊遗址？因喻家堡建渔度街是第十一任土司彭福石庞（冲）于南宋绍兴五年（公元

1135年）之后的事，彭福石庞（冲）撤会溪坪、撤龙潭城兴建老司城。增加一条渔度街和狮子口，即有了八街，又增加一条“杨士庙”和“五屯街巷”“东门外巷”，这时才有八街九巷二口。

唐时老司城置村正、坊正，加上前述建筑遗址文化可以鉴证三件事。一是老司城从贞观年间之后设县、设州、设郡府衙；二是老司城设置村正，尽管名字未能传承下来；三是老司城多元文化并存，如佛教、道教、原始宗教等。那时，每个坊建一个土地堂，还有两户三户联合的家族土地堂敬奉土地菩萨，这也是多元文化并存的鉴证。

唐代中期老司城已有七街七巷一口：即“正街”“中街”“河街”“左街”“半坡街”“五屯街”“东门街”和“杩坊口巷”“堂坊巷”“纸棚巷”“南门巷”“巷口巷”“五屯街巷”“东门巷”等。

城内建筑文化遗址有八部大王庙、府城隍庙、县城隍庙、崇圣殿、玉极殿、祖师殿、观音阁、祭坛、稷神坛等遗址，都是唐代中期或早期遗留下来的，只有明代置“吴着大村”的八部大王土家语村名未能传承下来。我们还须在保护发展实践中探讨其踪迹。

传承下来的最早置村的只有“弄塔村”，由彭士愁孙彭允林在宋开宝四年（公元971年）兴建龙潭城得以延用，直到彭福石庞（冲）撤龙潭城后，《彭氏稽勋录》将“弄塔村”记载下来。

弄塔这地方从商周至汉代都有人丁繁衍。经彭允林、彭允姝、彭文勇等又治理了上百年时间，这才成为古溪州地区政治、经济、文化、军事中心。按考古队划分，它也属于老司城遗址范围，有待研讨、保护、利用。其他白砂溪源头别些、上河射圃、落塔坪遗址，也在遗址范围内。

宋《西南溪峒诸蛮传》载：“北江之蛮彭氏最大，自置上、中、下溪三州，又有龙赐、天赐、忠顺、保靖、感化、永顺州六、懿、安、远、新、洽、富、来、宁、南、顺、高州十一，总二十州。至宋初，犹然其后，又有溶州、渭州、吉州、蓝州、保顺州皆为彭氏属地。”

老司城周边遗址现包括颗砂新司城遗址，还包括颗砂沿河街道、九曲桥、鹅池、爽岩洞、颗砂别墅、明代浮雕花砖窑址、金壶井，还有猛峒别墅、壶窝别墅、石堤西洗坝湖布政使牌坊等。此外还有岩门搪关卡、飞霞关隘、野毛关、椰溪关、猫子关（虎子即今抚志乡）、金银塘、龙伏关、纸蓬关、大坪关、龙爪关、百捷关、别些塘、轰响塘等。遗址在老司城 30 里以外 180 里以内。

第四章

老司城遗址四件珍宝

2015 年 7 月，第 39 届“世界遗产大会”在德国波恩召开。北京时间 7 月 3 日下午，湖南永顺老司城遗址、湖北唐崖土司遗址、贵州播州海龙屯遗址联合申报的“土司遗址”获得大会审议并表决通过，成功列入世界文化遗产名录。中国第 48 处世界文化遗产就此诞生。湖南则实现了世界文化遗产“零”的突破。

四年申遗一朝成功。老司城遗址，这座有着辉煌历史的土司王城，将焕发出新的光辉，向世人展示出中国特有的土司遗存。

在此之前，2014 年 10 月，世界遗产委员会委派国际古遗址理事会专家塔拉·夏玛女士来老司城遗址做现场考察时曾问笔者：老司城遗址中有无珍宝？笔者回答老司城 25 万平方米内遍地是珍宝，曾被各级专家学者赞誉为“露天博物馆，南方紫荆城”。笔者认为老司城一草一木、一砖一瓦都是珍宝。但其中溪州铜柱、大小德政碑、彭翼南墓志铭、土司官印四件文物最为珍贵。

第一节　四件宝之一——溪州铜柱

（照片由鲁卫东老师提供）

复溪州铜柱记（原文转录）

天策上将军江南诸道都统楚王。

天策府学士江南诸道都统掌书记通议大夫检校尚书左

仆射兼御史大夫上柱国赐紫金鱼袋李弘皋[①]撰。

粤以天福五年，岁在庚子。夏五月，楚王召天策府学士李弘皋。谓曰："我烈祖昭灵王，汉建武十八年平征侧于龙编，树铜柱于象浦。其铭曰：'金人汗出，铁马蹄坚。子孙相连，九九百年。'是知吾祖宗之庆，胤绪绵远，则九九百年之运，昌于南夏者乎。今五溪初宁，群帅内附。古者天子铭德、诸侯计功、大夫称伐，必有刊勒，垂诸简编。将立标题，式昭恩信。敢继前烈，为吾纪焉。"弘皋承教濡，毫载叙厥事。

盖闻牂牁[②]接近，盘瓠遗风，因六子以分居，入五溪而聚族。上古以之要服，中古渐尔羁縻。洎帅号"精天"(夫)，相名"姎氏"[③]。汉则宋均置吏，稍静溪山。唐则杨思兴师，遂开辰、锦。迩来豪右，时恣陆梁，去就在心，否藏由己。溪州彭士愁，世传郡印，家总州兵，布惠立威，识恩知劝。故能历三四代，长千万夫。非德教之所加，岂简书而可畏？亦无辜于大国，亦不虐于小民，多自生知因而善处。无何忽乘间隙，俄至动摇。我王每示含弘，尝加姑息，渐为边患。深入郊圻，剽掠耕桑，侵暴辰、澧。疆吏告逼，郡人央宁。非萌作孽之心，偶昧戢兵之法，焉知纵火果至自焚。

时晋天子肇创丕基，倚注雄德，以文皇帝之徽号，继

---

① 李弘皋，天策府十八学士之一。

② 牂牁，指古夜郎国，夜即郡的前身。汉武帝元鼎六年（前111）开置牂牁郡，牂牁指今贵州大部及广西、云南部分地区。

③ "姎氏"《后汉书·南蛮西南夷传》：名渠帅曰精夫，相呼为"姎徒"。"精夫""姎徒"为土家记音。

武穆王之今谟。册命我王开天策府，天人降止备物在庭。方振声明，又当昭泰。眷言僻陋可俟绥怀！而边鄙上言，各请效命。王乃以静江军指挥使刘勍，率诸部将，讨以偏师。钲鼓之声震动溪谷。彼乃弃州保险结寨凭高，唯有鸟飞谓无人到。而刘勍虔遵庙算密运神机，跨壑披崖临危下瞰。梯冲既合，水泉无汲引之门；樵采莫通，粮糗乏转输之路。固甘衿甲岂暇投戈？彭师杲为父输诚束身纳款；我王愍其通变爰降招携。崇侯感德以归周，孟获畏威而事蜀。

王曰："古者叛而伐之，服而柔之，不夺其财，不贪其土。前王典故，后代著龟。吾伐叛怀柔，敢无师古？夺财贪地，实所不为。"乃依前奏，授彭士愁溪州刺史，就加检校太保。诸子将吏，咸复职员，锡赉有差，俾安其土。仍颁廪粟，大赈贫民。乃迁州城，下于平岸。溪之将佐，衔恩向化，请立柱以誓焉。

於戏（呜呼）：王者之师，贵谋贱战，兵不粱锷士无告劳。肃清五溪，震慑百越。厄平疆理保乂邦家。尔宜无扰耕桑，无焚庐舍，无害樵牧，无阻川途；勿矜激濑飞湍，勿恃悬崖绝壁。荷君亲之厚施，我不征求；感天地之至仁，尔怀宁抚。苟违诚誓，是昧神祇。垂于子孙，庇尔族类。铁碑可立，敢忘贤哲之踪？铜柱堪铭，愿奉祖宗之德。

弘臬仰遵王命，谨作颂焉。其词曰：

昭灵铸柱垂英烈，手执干戈征百越。

我王铸柱庇黔黎，指画风雷开五溪。

五溪之险不足恃，我旅争登若平地。

五溪之众不足凭，我师轻蹑如春冰。

溪人畏威仍感惠，纳质归明求立誓。

誓山川兮告鬼神，保子孙兮万千春。

推诚奉节弘义功臣、天策府都尉、武安军节度副使判内外诸司事、永州团练使、光禄大夫、检校太傅使持节永州诸军事、行永州刺史兼御史大夫、上柱国、抚风县开国侯食邑一千户马希广奉敕监临铸造。

天福五年正月十九日，溪州刺史彭士愁与五姓归明，众具件状饮血求誓。楚王略其词镌于柱之一隅：

右具状，溪州静边都，自古以来，代无违背。天福四年九月，蒙王庭发军收讨不顺之人，当都愿将本管诸团百姓、军人及父祖本分田场土产，归明王化。

当州大乡，三亭两县，苦无税课。归顺之后，请祇依旧额供输。不许管界团保、军人、百姓乱入诸州四界，劫掠詃盗逃走户人。凡是王庭差纲，收买溪货，并都幕采伐土产，不许辄有庇占。其五姓主首、州县职掌有罪，本都申上科惩。如别无罪名，请不降官军攻讨。若有违誓约，甘请准前差发大军诛伐。一心归顺王化，永事明庭。上对三十三天明神，下将宣祇为证者。

王曰："尔能恭顺，我无科徭，本州赋租，自为供赡，本都兵士，亦不抽差。永无金革之虞，克保耕桑之业。皇天后土山川鬼神，吾之推诚可以玄鉴！"

静边都指挥使、金紫光禄大夫、检校太保、使持节溪州诸军事、检校司徒、守溪州刺史兼御史大夫、上柱国、陇西县开国男、食邑三百户彭士愁。

武安军节度左押衙、开江都指挥使、知使防遏营、金紫光禄大夫、检校司徒、前溪州诸军事、守溪州刺史兼御史大夫、上柱国彭允瑫。

武安军节度左押衙、充静寇都指挥使、金紫光禄大夫、检校司徒、前溪州诸军事、守溪州刺史兼御史大夫、上柱国田弘祐。

武安军节度左押衙、金紫光禄大夫、检校司徒、前溪州诸军事守溪州刺史兼御史大夫、上柱国彭师佐。

武安军节度左押衙、金紫光禄大夫、检校司徒、前溪州诸军事守溪州刺史兼御史大夫、上柱国田倖晖。

武安军节度左押衙、充砂井镇遏使、银青光禄大夫、检校尚书、左仆射兼御史大夫、上柱国彭师裧。

武安军节度左押衙、前砂井镇遏使、三井都管使、银青光禄大夫、检校尚书左仆射兼御史大夫、上柱国龚朗芝。

武安军节度左押衙、充溪州副使、银青光禄大夫、检校尚书、右仆射、守溪州三亭县令兼御史大夫、上柱国彭师裕。

武安军节度左押衙、充金涧里指挥使、银青光禄大夫、检校尚书、左仆射兼御史大夫、上柱国覃彦胜。

武安军节度左押衙、银青光禄大夫、检校尚书、左仆射兼御史大夫上柱国田弘赟。

武安军节度左押衙、左义胜第三都将、银青光禄大夫、检校刑部尚书、前守富州别驾兼御史大夫、上柱国彭师杲。

武安军节度讨击副使、左归义第三都将、银青光禄大夫、检校散骑常侍兼御史大夫、上柱国彭师晃。

武安军节度衙前兵马使、前溪州左厢都押衙、银青光禄大夫、检校太子宾客兼御史大夫、上柱国向宗彦。

武安军节度同十将、前溪州左厢都虞侯、银青光禄大夫、检校太子宾客兼监察御史、上柱国龚贵。

前溪州大乡县令、将仕郎、试大理评事兼监察御史、赐绯鱼袋彭允臻。

武安军同节度副使、摄溪州司马、银青光禄大夫、检校左散骑常侍兼御史大夫、上柱国覃彦仙。

武安军同节度副使、前摄大乡县令、银青禄大夫、检校左散骑常侍兼御史大夫、上柱国覃彦富。

武安军节度摄押衙、充静寇都副兵马使、银青光禄大夫、检校右散骑常侍兼御史大夫、上柱国田思道。

武安军节度副将、充溪州知后官、银青光禄大夫、检校国子祭酒兼御史大夫、上柱国朱彦蝺 。

大晋天福五年，岁次庚子，七月甲子朔，十八日辛巳铸，八月甲午朔九日壬寅镌，十二月壬辰朔二十日辛亥立。[①]

溪州铜柱原文记载：柱立于晋天福五年十二月，但在宋代曾多次移动。史书载入者即有天禧元年（公元1017年），辰州都巡检李守元、知辰州钱锋等攻入溪州导致移动；至和二年（公元1055年），知辰州宋守信等又攻入溪州再次俘走移动。

---

① 溪州铜柱高1丈2尺，入地6尺，重5000斤。铜柱呈八棱中空主体，每棱15厘米，直径39厘米，高398厘米。铜柱铭文《复溪州铜柱记》字深入半分，共42行。娟秀楷书，尚存唐碑余风。其文词在古奥无标点，多有异体。铜柱其文其字是研究古文化，古文学的极好资料。柱上且刻有五十四人衔名。清人钱大昕、瞿中溶等考证认为："记文空处多入宋人题名，字迹较劣，而知州、通判、都监、钤辖皆宋时官名，断非天福原刻。"

《宋史·诸蛮》兴国七年（公元 982 年）且有“诏辰州不得移动马氏所铸铜柱”记载，间接说明此前已有移动。最近一次移动是公元 1971 年因铜柱立地属凤滩电站淹没区，因此再迁至永顺县王村镇。

溪州铜柱的竖立对当时溪州影响至深。彭士愁及其下属大小官员因而复职：铜柱所题第 34 名彭师俗即彭士愁长子彭师裕；第 37 行彭师杲即彭士愁次子；第 38 行彭师晃即彭士愁五位大将之一努力嘎巴；第 39 行向宗彦即是向老官人。

楚王马希范代表朝廷承诺。“尔能恭顺，我无科徭。本州赋租自为供赡。本都兵士亦不抽差，永无金革之虞，克保耕桑之业。”彭、马议和盟誓使溪州经济得到长期稳定发展。

溪州之战原委

彭士愁自后梁开平四年（公元 910 年）任溪州刺史。此后 30 年溪州政治稳定，经济发展，军事逐渐强大，深得境内官吏百姓拥护。而楚王马殷死后马希范继位，其弟希广、希萼、希崇相互厮杀争位。马希范本人奢靡，游手好闲，在他统治时期吏治腐败，民不聊生。天福三年（公元 938 年），马希范之妻顺贤夫人彭氏（即彭玕之女）去世。史载：“彭夫人貌陋而治家有法，楚王希范惮之。即卒，希范始纵声色，为长夜之饮内外无别。”“有商人妻美，希范杀其夫而夺之，妻誓不辱直到死。”

马希范生活奢靡，导致国库空虚，楚国势力日衰。而溪州彭氏势力则日渐强盛。马希范顺贤夫人死后，彭玕之女“彭继英、彭继勋列为马楚天策府十八名学士，直接参与马楚军政要务，为彭瑊、士愁父子立足溪州并确立霸主地位提供了坚强后盾……”

后晋天福四年（公元939年）8月下旬，彭士愁率锦、奖、溪万余人攻辰澧二州，拉开溪州之战序幕。

“后晋天福四年九月三日，楚王马希范派左静江指挥使刘勍，决胜指挥使廖匡齐为主副帅，领衡山兵五千人讨伐，经过一个月激战，彭士愁接连失败，并失去主动权退回溪州……”据险死守。

“堡山寨地势极为险要，其四周皆为绝壁，只有一条上山的小道，可谓一夫当关万夫莫开。彭士愁凭此天险与刘勍等楚军周旋。楚军曾将木梯沿悬崖石壁作栈道仰攻山寨，但溪军顽强抵抗，并用滚木滚石武器进行阻击，楚军进攻连连受挫，其副帅廖匡齐被击毙。”楚军只好改变策略，经翻山越岭登危岸，找到一个能居高临下的高点，并定下火攻的方案。天福五年（公元940年）正月的一天，当时的风向最适合对山寨进行火攻，刘勍等命士兵用箭将火射入山寨，山寨淹没于火海之中。溪州兵大乱，刘勍等率兵攻入寨内。彭士愁只好突围，率部至奖、锦州之深山中匿藏，派其子彭师杲领溪州众多豪酋并溪、奖、锦州印请降。二月，刘勍等引兵返回长沙，持续近半年的溪州之战结束。

民间传说，彭士愁战败后，命师杲为父输诚，又命师杲和向老官人组成五姓十八人团队与马希范议和。马希范将结盟内容镌刻于铜柱之上。铜柱于天福五年岁庚子七月甲子朔十八日辛巳铸，八月甲午朔九月壬寅镌，十二月壬辰腊月二十日辛亥立。铜柱高1丈2尺，入地7尺，重5000斤，共2118字，另外在柱上还刻有54人的官衔名，共2614字。

第二节　四件宝之二——大小德政碑

彭泓海德政碑

小德政碑

彭泓海德政碑文

钦命世镇湖广永顺等处军民宣慰使司宣慰使都督府致仕恩爵主爷德政碑。

尝闻恩可结民心，不能使民心之不忘；功可显当世，不能使后世之取法。苟能如是矣，而能得之于民犹难而能得之于天。此数者，求之往古亦不多遇，况以论于斯世乎？

使君中涵彭公致仕之明年，余过灵溪。适有属辖之五十八旗、三百八十峒军民，扶老携幼，蚁集司城，向余告曰：吾永建自东汉，为朝廷南服世臣，迄于今且千载，其间执圭守土代不乏人。咸以苗蛮之故，用法峻严，服民以威不以德也。是以治乱相寻，无息肩日。“自我爵嗣世，天性仁厚，举无失轨，去猛存宽，用贤退吝。易杀戮为鞭扑，而犴狴形消；开入告以听民，而覆盆无枉。虑民之荒于业也，而自勤稼穑；恐俗之流于顽也，而申之以孝悌。节用以恤民膏，轻赋而苏物力。崇俭抑奢，弋缇之袍不厌；修文偃武，刁斗之警无闻。和邻而睚眦之边衅自弥，乐天而虞芮之质成屡。至凡举设施，皆以养民守土为本。以故民乐宽仁镇静之恩，生息富庶甲于诸司。四十年间徒见祥风化日，皆其赐也，民讵敢忘”？“又若自捐军糈，三次慑苗于镇竿；亲随王师，身先开关于辰龙；闻兴殿工，采木以贡。诸如此类虽兴师动众，民不知劳，皆由抚循之得其法也。故功在朝廷而恩晋疆土，亦足以垂法于后世者，民曷敢忘。”

“今恩爵以民社之重授之新使君，而率由旧章，孰非奉训有自哉？故谢世虽已一截而恩德自在。百世咏歌感叹，有难忘诸民心者！敢乞文人之笔，勒诸金石，以志民心之不忘，庶其可乎？”

余既诺之，退而有深思焉。夫楚之南北，列茅土者比比。余尝挟策而游，殆有年矣。有一至者焉，又往过之则非旧矣。有再至三者至焉，而往过之则非旧矣。问其故，则曰：“利之不惜而民不堪命也，苛政无时而户口逃亡也，好兵仇邻而宗社不守也，贻谋不善而今绪无闻也。”若而然者，恩未及民，何有乎去恩？功无可纪，何有乎取法？其在人者尚不能得，况望得之天耶？兹若使君真不啻天壤矣。德既如彼，功复若彼，无怪乎阖司黎庶，爱戴之深，依恋之切，有若赤子之于慈父母。故于驰驱绿野之日，犹不忍忘召伯之甘棠。非余所谓结民心而不忘者耶，显当时而法后世者耶！

况使君晚得后嗣，年乎荀龙之半。而新使君徽猷迈德，行将仪羽天朝。是又后先济美，世难多有，皆使君盛德所致。岂非得之于人者而复得之于天耶？然则是碑也，不特为军民申依恋不忘之诚，抑可风诸有土者奉为典型，毋有失度，得以永守世业，则使君子丰功盛德宁有涯哉？乐此盛举，余不敢以不文辞，因拜首而为之记。

康熙五十二年二月，已卯科举人天门年家眷晚生朱鸿飞顿首拜撰。[①]

皇清康熙五十二年三月谷旦立

① 大德政政碑是为颂扬彭弘海执政有功而立，同时也是历代土司德政仁政的记录。碑高八尺二寸，宽三尺六寸，座高一尺二寸，碑正中一行篆节衔名，碑文为正楷字。

德政碑原立于宫殿向内三进门右侧天井后，凡进金銮殿必须从碑两侧台阶而上。碑前有条宫内横道。西头通往宗祠敬香路，东头通娱乐宫、寿宫。这样横直进出均可观看碑文。石碑成为当时土司大小官员的座右铭。

碑中记载了当时“五十八旗、三百八十峒军民扶老携幼蚁集司城”的盛况。军民百姓为什么要求建碑并请知名学者撰文？原因当然与当时社会状况相关。清初苗民因对官府苛求贡赋不满，多次闹事反抗。朝廷曾派京城礼部尚书席尔达、副都统图恩海、徐九如等统帅荆州满兵至苗族地区，用武力强制推行改土归流。曾有“十余日……，缴械投诚三百余寨，诸苗慑服”的记载。随后才于辰州府增设乾州、凤凰二厅分治。

由此上溯，又有明嘉靖三十三年（公元1554年），彭翼南袭职后两平镇竿五寨，随后作为彭氏土司镇守苗疆五寨竿子坪等地。明万历十五年（公元1587年）后，彭元锦袭职期间，朝廷耗巨资从凤凰铜仁交界的亭子关起，经五寨司竿子坪司至乾州镇溪修筑了一条高8尺、厚5尺、顶宽3尺、延绵200余里的边墙，致使当地苗民与土家、汉族矛盾加深。康熙三十四年（公元1695年），彭泓海曾向康熙上奏建议：苗民族集居区不再由溪州都督府管辖，由苗民头人自治。该建议得到康熙赞赏，同时受到苗民和溪州各族人民的拥护，增强了民族团结。德政碑既是彭氏土司的德政记录，又是当时各族人民团结精神的象征。[①]

---

① 小德政碑文内容与大德政碑略同，也是称颂彭泓海之父，第32任土司彭廷椿执政时平定吴三桂之乱、兴办学校、仁爱施政的功绩。但因石材较差，碑文刻字脱落，漫漶难读。

彭泓海德政碑文显示如下几点：

1. 执法去猛存宽，推崇“易杀戮为鞭扑而犴狴形消，开入告以听民而覆盆无枉”。彭氏执政期间取消或减少死刑而改以“鞭扑”，这在当时也是进步。

2. 执政以民生为先：“虑民之荒于业也，而自勤稼穑，恐俗之流于顽也，而申之孝悌。”其意是担心百姓荒芜田土，致使衣食不能丰足，导致生活贫穷。这种重视民生的土司在当时也是难得的。

3. 风俗崇俭抑奢。碑文有“节用以恤民膏，轻赋而苏物力”。其意是对百姓上交的钱赋能省吃节用，受到溪州人民的拥护。

4. 仁心孝悌，传承家风。彭泓海能传承前世土司敦厚门风。如第22世土司彭世麒上山打猎（俗称赶仗），实行“见者有份”。下河捉鱼则“与贫民平分”。这种习俗在土家族、苗族地区一直受到推崇。

5. 亲随王师平乱，守土开辰龙关。这里讲彭廷椿、彭泓海等在康熙十九年（公元1680年）平吴三桂时遇到辰龙关（辰龙即沅陵县境）险隘，遂调永顺兵三千由彭廷椿带其子彭泓海、南谓州彭凌高、中军官向华一举攻克，康熙皇帝特为彭泓海立碑记功之事。

第三节　四件宝之三——抗倭英雄彭翼南的“墓志铭”和“子孙永享”牌坊

彭翼南墓志铭

墓志铭文：

福荫后裔亿万斯年

皇明诰封昭毅将军、授云南右布政使、湖广永顺宣慰彭侯墓志铭

余初从阳明[①]先生游，闲论天下世族贵盛而悠远者，

① 王守仁：幼名云，字伯安，号阳明，人称王阳明。浙江省余姚市人。王阳明生于明宪宗成化八年（1472），卒于明世宗嘉靖八年（1529），是明代著名的思想家、教育家、文学字、书法家、哲学家和军事家。王阳明对彭氏土司乃至对湘西土司官兵尊称“六德”：“敏而勤，富而义，贵而礼，严而和，八而孝，出而忠。”

徐阶在王阳明“六德”尊称的基础上对彭氏土司加称：“夫学莫贵乎勤，利莫先于义，接人莫急于礼，驭众莫要于和，立身莫切于孝，报国莫大于忠。彭氏世有六德，恶德不贵盛而悠远乎？”

先生因及永顺彭氏可以当之。余曰，何和征？先生曰：迩者两役思田，宣慰世麒、明辅、宗舜三世咸征。及和门日待讲宅，吾见其敏而勤，富而义，贵而礼，严而和，入而孝，出而忠。夫学莫贵乎勤，利莫先于义，接人莫急于礼，驭众莫要于和，立身莫切于孝，报国莫大于忠。彭氏世有六德，恶得不贵盛而悠远乎。

及余宦四方，总百揆，匡九有，凡天下世胄举得调度而甄别之，其不肆则骄，不削则危者多矣。若彭氏父子祖孙相继而贤、而贵盛、而悠远亦仅见者。然则先生昔者之言不既征哉？嘉靖乙卯、丙辰，倭寇祸我，东南极惨。侯以弱冠膺命，提兵两平定之。吴越闽广至今蒙其福。余益嘉彭氏多贤嗣。我国家之有良翰也。

令年秋，伻忽捧状叩我京邸，泣而乞铭。讯之则曰，“侯作矣”。噫嘻，悲哉！余衰病阁笔者久，又竟不忍殁人之善。会渠谢通政辈为之，请益力，不得已志而铭之。

按状：侯之先，世系绵远，难以历纪。唐懿宗[①]时，有居庐陵名辅者，进士及第，其季子瑊刺史辰州。洞蛮率服，由是众举瑊之子士然[②]刺史溪州。后晋天福间，与楚马氏立铜柱为盟，表士然为诸州者誓主。遂专有溪州地，而世其官焉。宋则有师裕、允林、允殊、文勇、儒猛、仕羲、师宴、师宝、福石宠、安国、思万，元有胜祖皆相承

① 唐懿宗李漼（833—873），郓王，母元昭皇太后晁氏。宣宗病死后，被宦官迎立为帝，是为唐懿宗。在位14年，终年41岁。死后葬简陵，谥号昭圣恭惠孝皇帝。

② 士然，即彭士愁。

为州刺史。延祐[1]间，改州为安抚司。至正[2]间，升为宣抚司。为宣抚者胜祖子万潜也。

我高皇帝定鼎金陵。万潜遣子天宝纳土先附，乃升今永顺等处军民宣慰使司，以天宝为宣慰使。赐诰给印仍与世职。天宝生源，源生仲，仲生世雄，皆袭宣慰使。世雄生瑄，蚤卒，赠怀远将军。瑄生显英，封昭武将军，上轻车都慰。显英生世麒、陞湖广都司都指挥使，封龙虎将军、上护军、赐蟒衣三袭。世麒生明辅，加衔受赐如其父。明辅生宗舜，封怀远将军，加服色一阶。宗舜即侯之父也。

侯名翼南，冠之岁，大魁罗念奄字以靖卿，勉其翊靖南服也，复号之曰“北江”[3]，因其彭氏世居也。侯为儿时性颖敏，举动不凡。及少长，务学不倦，喜诵诗评史，延揽巨儒为师友。资如东廓、念奄、则远、宗之、道林、华峰，皆及门受学。刊阳明《遵诲》诸集以思贤，修《司志》《家谱》诸书以传后。他如当路群贤，曾侍侧者，罔不师法之。故多闻见而富学识，非敏而勤者乎。

席祖父丰盈疆场，强盛而不侮邻封，不敛民庶。凡送迎出予必裕，故士夫工贾胥得其欢心。军中饷犒靡不分给，故士卒用命而所过不扰。广积布粟以赈饥寒，大施财木以修黉梵。自备资粮采进大木，助建朝殿，直拟万金。至于自奉饮馔未尝兼味，衣服不着锦绮，仪从惟尚简朴。

① 延祐，元朝元仁宗的年号，公元1314年至1320年，共计7年。
② 至正，元惠宗的第三个年号，公元1341年至1370年，也是元朝的最后一个年号。
③ 北江，即彭翼南，永顺彭氏土司第25世宣慰使，字靖卿，号“北江”。

尝获贼中美姬，督臣以充赏，侯即沉之江，其不以骄贵而迩声色，每如此，非富而义者乎。

自继职加封，略无毫发骄肆态，和易以混俗，敛退以容物，敬慎以事上，温恭以下贤。士无显晦，问聘咸勤，宾无少长，款遇必厚。间有不得于人，纵面毁无愠色，非贵而礼者若是乎。

遇群下必庄必厉，居常则统纪有规，行师则部伍不紊。然其色威不猛，令肃而宽，虽围卒仆夫，待若家人父子。故其民聚而不散，睦而不乖，鸡犬相闻，远近悦服。卒之日，众若丧厥考妣，非严而和者能然乎。

侯蚤失怙，鞠于大父。大父得轩，余同门有道叟也。侯一步一趋，一语一默，惟大父是效。政不禀命不敢行，人非旧役不敢任。晨昏之省，膳疾之待，必亲必敬。及事孀母，咸亦如之。族尊长必加礼敬，卑幼多周恤之。若曰："此吾父子一体之亲也"，何如其孝耶。

侯十九莅事，次年东征，其平望驿、王江泾、秋母亭、陆泾坝、胥口之大战，每身先士卒，多擒斩功。及寇复入，侯整旅载征，遂收平湖全捷。徐海授首，贼众靡有孑遗，至今岛夷绝迹，不敢为东南患者，皆侯之力。抚管镇竿，叛苗十余年不复出没。征剿支罗土寇，黄中率服归降。除施散之暴侵，拯川湖之水火，察管内疾苦而向之流移悉复，均户口粮税而昔之逋欠尽完。至朝觐贡献，岁无后期，故历任十三年而膺钦奖宠锡者五，部院旌奖者三十。或进昭毅武阶，或升参政、布政文秩者，胥侯敷工之所致也。又何如其忠耶。

夫集有众善，备是六德。能率乃祖攸行，为昭代勋阀，宜其福享贵盛而寿获悠远也。胡尔遽卒耶？噫嘻悲哉。

侯乃淑人保靖彭氏出，生嘉靖丙申六月一日，卒隆庆丁卯六月十一日，得年三十有二。有子男五女四。元娶彭氏，保靖宣慰荩臣女，无出。次娶冉氏，酉阳宣抚玄女，受封淑人，生长子永年，继侯职。三娶向氏，桑植安抚仕禄女，先侯卒，无出。四娶彭氏，江口官舍志显女。生次子，曰长年，其三子曰延年，四子曰大年，五子曰登年，皆侧室出。女亦冉氏辈出，男女咸幼未聘。

卜隆庆二年[1]十一月初二日葬聚龙湖，扦作酉山卯向。

铭曰：辰之初，维公瑊。
肇于溪，迺士然[2]。
至天室，四十传。
归皇明，克旬宣。
迩圣化，育群贤。
嗟北江，文武全。
论勋业，拟凌烟。
裕厥后，光乎前。
丰于德，啬其年。
啬其年，亦胡愆。
存无忝，尔所生。
殁不愧，彼墓田。

① 隆庆二年，即1568年。
② 士然，即彭士愁。

皇明隆庆二年仲冬月吉日。

赐进士及第、特进、上柱国、金紫光禄大夫、建极殿大学士、少师兼太子太师、吏部尚书存斋徐阶撰。①

按老司城彭氏都府第25世土司彭翼南墓志铭出土，弥足珍贵。从墓志铭文得知：彭氏土司从第二十二世彭世麒执政之时与朝廷关系亲密。朝廷对彭氏土司特别倚重，而彭氏土司因而与徐阶、王阳明、刘健三名臣交往频密。

《金名铭文中的历史记忆》第204页载："王守仁幼名云，字伯安号阳明谥文成，人称王阳明。""是明代著名思想家、教育家、文学家、书法家、哲学家和军事家，是陆王心学之集大成者，不但精通儒释道三教，而且能够统军征战"。彭氏土司二十二世彭世麒能结交朝廷重臣王阳明作为执政靠山，对延袭久远大有其用。

明弘治五年（公元1492年）彭世麒袭职。朝廷当年调征施州银山岭，六年（公元1493年）调征贵州都匀，弘治十五年（公元1502年）调征贵州普安米鲁等。每次获胜均得王阳明得力帮教。彭世麒称王阳明为老师先生。朝廷授彭世麒："昭勇将军"后又为朝廷献楠木，奉勅加升"湖广都司都指挥使"。又加升散官品级，授"龙虎将军"，足见王阳明先生殷诚抚教之功。

彭世麒修建颗砂行署并重修学校且建彭氏宗祠。还聘请大庸卫所樊使君公子樊珍来老司城教义学。由于王阳明与彭氏土司关系密切，对方都比较了解，所以对老司城彭

① 彭翼南墓志铭已被永顺县文物局收藏。

氏土司评价世有“六德”：敏而勤，富而义、贵而礼、严而和、入而孝、出而忠（也是王阳明对湘西土司官兵的尊称）。

徐阶与彭氏土司的关系则史有如下记载：

> “徐阶字子升，号少湖，又号存斋，明松江府华亭县人（今上海松江区）。嘉靖二年（公元1523年）以探花及第，授翰林院编修，曾经担任过延平府推官、黄州同知、浙江按察佥事、江西按察副使、国子监祭酒、吏部尚书兼文渊阁大学士等职。嘉靖三十一年（公元1552年）入阁，嘉靖四十一年（公元1562年）代严嵩为首辅，直至隆庆二年（公元1568年）七月致仕，后人写书称：徐阶是明嘉靖时期的顶级政治家。”他对老司城彭氏的了解，应是王阳明援引。《彭翼南墓志铭》因而载有：余初从阳明先生游，闲论天下世族贵盛而悠远者，先生因及永顺彭氏可以当之。

徐阶在明嘉靖皇帝任首辅期间言听计从。嘉靖皇帝要重建永寿宫，徐阶献计设方案。《明史》载嘉靖四十二年（公元1563年），彭世麒长子彭明辅、孙彭翼南献大楠木有功，加明辅都指挥使、赐蟒衣，授翼南参政为右布政使，赐飞鱼服，仍赐敕奖励。

大德政碑载先生曰迩者两役思、田，宣慰世麒、明辅、宗舜三世咸征及和门曰侍讲宅。意为王阳明指出：“近来广西思恩，田州两战场战役，永顺宣慰彭世麒、彭明辅、彭宗舜三代皆去征战。等到我与他们祖孙三代熟悉的时候，他们每天在我住宅门口等着讲课“。足见其与徐阶及彭氏土司关系密切非同一般。

老司城民间也有传说：彭世麒、彭明辅、彭宗舜、彭翼南四代与朝廷关系密切，且深得刘健、王阳明、徐阶殷护。彭氏土司从彭世麒起，将永顺溪州自唐代开始入贡的：“颗砂三拱桥”优质大米、松柏优质大米、溪州府老司城附近的虎皮、麝香、蜂蜜、黄腊、土锦、马匹等几十种土特产品送给刘健、徐阶、王阳明。这些贡品一直延续至清康熙年。徐阶因而在大德政碑里重提王阳明对彭氏土司的“六德”评价：“吾见其敏而勤、富而义、贵而礼、严而和、入而孝、出而忠。夫学莫贵乎勤，利莫先于义，接人莫急于礼，驭众莫要于和，立身莫切于孝，报国莫大于忠。彭氏世有六德、恶得不贵盛而悠远乎？”

“子孙永享”牌坊

跟德政碑相关的文物还有“子孙永享”牌坊，该牌坊建在紫金山墓对面，若云书院门前。上刻“子孙永享”四字。据民间传说，字为彭翼南生前题写。老司城十八景诗有“铜柱秋风希范迹，若云书院翼南题”诗句。牌坊建于明万历十二年（公元1584年）十二月，分三门。中间高空3.3米，宽2.7米，通高5.3米。两侧空高2.6米，宽1.35米，高3.8米。四柱三门总宽7米。四根石柱顶各有一个石狮蹲立，中间顶端为“溪州八部同福”火炬。此牌坊是为表彰彭翼南抗倭有功而建。时至今日，永顺石堤西坝湖仍有“布政使牌坊”（已毁坏，仅留1/4残石）。永顺一中学校旁则曾立有翼南楼。楼正上额匾题：“翼南楼”，两旁对联云：

破虏湖当年，浙海东南传伟绩。

鼓鼙思壮志，大乡西北有高楼。

第四节 四件宝之四——土司官印

（鲁卫东老师提供）

《永顺县志》1995年4月第1版载：1981年4月2日，老司城土司衙署遗址掘出清康熙十九年铜铸永顺等处军民宣慰使司印。①

当时老司城正街小组集中本组劳力在原土司遗址内开垦稻田，该组村民聋哑人付贤云拾得土司印。印为青铜质，柄为红色铜质，正方形，边长8.2厘米，厚1.6厘米，重1300克，印背有柱式印柄7.8厘米，直径2.4厘米，印通高9.4厘米，印

① 4月2日是上交之日，出土日实为3月30日。

字为："永顺等处军民宣慰使司印"，用汉满两种文字篆刻，背面刻正楷小字："永顺等处军民宣慰使印，礼部造，康熙十九年二月□日，康字五千二百十六号。"印在今老司城遗址博物馆。笔者看过西藏自治区成立50周年展览馆，康熙皇帝给达赖喇嘛的官印，是同等模样。

老司城彭氏土司的始祖彭瑊、彭士愁父子历任溪州刺史以来，宋代之前官印即刺史一级。元代以后，中央王朝正式执行"土司制度"，第15世土官彭万潜于元至正九年（公元1349年）袭职，至正十一年（公元1351年），由安抚司升为宣抚司；明代彭氏16世彭添宝明洪武二年（公元1369年）袭职，明洪武五年（公元1372年），置永顺军明宣慰使司，属湖广指挥司，领三州、六长官。洪武六年朝廷授赐永顺宣慰司、三州、六长官印共10颗，朝廷派当时进士及第丁洪信，来永顺老司城授印并作为朝廷察访使来到老司城。

第五节 彭氏土司溪州世袭表（附录一）

姓 名	承袭年代	主要执政事迹
彭瑊（字瑞规，辅公五子）	后梁开平四年（910）彭氏溪州始祖	受马殷命灭吴著冲等，为溪州彭氏土司始祖
彭士愁（彭瑊长子）	后梁开平四年（910）袭职	后晋天福四年（939）发动溪州之战，同马希范结盟议和，奠定了彭氏 800 余年基业
彭师裕（士愁长子）	后周显德三年（956）袭职	原为溪州副使、三亭知县
彭允林（师裕长子）	宋开宝四年（971）袭职	在弄塔建龙潭城
彭允殊（师裕次子）	至道元年（995）袭职	以虎皮、麝脐入贡
彭文勇（允林长子）	咸平二年（999）袭职	帮土民以粟易盐
彭儒猛（文勇长子）	大中祥符二年（1009）袭职	天禧二年（1018）以辰州都检使发动战争，后平
彭仕羲（儒猛季子）	明道元年（1032）袭职	至和元年（1054）与辰州发生战事，后平，并结盟
彭师晏（仕羲长子）	熙宁三年（1070）袭职	宋熙宁三年，筑下溪州城，即会溪坪城
彭师宝（仕羲次子）	元祐六年（1091）袭职	仍袭下溪州刺史职
彭福石冲（师宝子）	南宋绍兴五年（1135）袭职	撤会溪坪、龙潭城，于老司城兴城，建渔度街

续表

姓　名	承袭年代	主要执政事迹
彭安国（福石冲子）	庆元元年（1195）袭职	袭父职
彭思万（安国长子）	宝祐二年（1254）袭职，[宋理宗景定三年（1262）]归顺元朝	授武德将军，赐印章
彭胜祖（安国次子、思万弟）	元元贞二年（1296）袭职	延祐七年（1320）胜祖自称永顺安抚司
彭万潜（胜祖子）	至正九年（1349）袭职，至十一年（1351）自称永顺等处军民安抚司，旋自称宣抚司	归顺明玉珍，玉珍委以官职授印信
彭添宝（万潜子）	明洪武二年（1369）袭职	明洪武五年（1372）附明廷，置永顺军民宣慰使司，属湖广指挥司，领三州、六长官
彭源（添宝子）	永乐元年（1403）袭职	遣其子彭仲率67人入贡马
彭仲（彭源子）	宣德元年（1426）袭职	宣德七年（1432）征大小河蓬
彭世雄（彭仲子）	正统元年（1436）袭职	景泰元年（1450）征五开、铜鼓
彭瑄（世雄子）	天顺六年（1462）袭职	早卒，赠怀远将军
彭显英（瑄之子）	天顺六年（1462）袭职	成化元年（1465）调征广西大藤峡
彭世麒（显英子）	弘治五年（1492）袭职	当年调征施州银山岭，六年（1493）调征贵州都匀

续表

姓　名	承袭年代	主要执政事迹
彭明辅（世麒子）	正德五年（1510）袭职	正德六年（1511）平四川鄢本恕之乱
彭宗舜（明辅次子）	嘉靖六年（1527）袭职	同父明辅征广西思恩，又征南宁
彭翼南（宗舜子）	嘉靖三十三年（1554）袭职	嘉靖三十四年（1555），在王江泾之战抗倭获“东南战功第一”
彭永年（翼南子）	隆庆三年（1569）袭职	服从征调，继续办好若云书院
彭元锦（永年子）	万历十五年（1587）袭职	万历二十五年（1597）援辽服从征调，办学有功
彭廷机（元锦子）	崇祯五年（1632）袭职	早卒
彭泓澍（廷机子）	崇祯五年（1632）袭职	顺治四年（1647）率三州六长官五十八旗内附
彭肇桓（泓澍长子）	清顺治十八年（1661）袭职	率部抗李来亨有功受奖励
彭肇相（泓澍次子）	康熙三年（1664）袭职	为族人廷榆所夺，保靖司救之
彭廷椿（元锦弟元钲子）	康熙十二年（1673）袭职	康熙十九年（1680）征吴三桂有功
彭泓海（廷椿子）	康熙三十四年（1695）袭职	德政仁政，致仕后，康熙五十二年（1713）族人及五十八旗为其立德政碑
彭肇槐（泓海子）	康熙五十一年（1712）袭职	主动改土归流受到奖励

续表

姓　名	承袭年代	主要执政事迹
彭景燧（肇槐长子）	雍正五年（1727）袭职，六年（1728）纳土归流，与父彭肇槐及亲属回江西原籍插户	其父1724年将治所迁颗砂建新司城，1728年随父回江西吉水县插户

紫金山石人

紫金山石马

第六节　彭氏土司稽勋录（附录二）

彭瑊字瑞规，官金紫光禄大夫、检校司徒。吉州之乱时，从兄彭玕率众奔楚。投楚王马殷麾下秉政持衡。官金紫光禄大夫，任辰州刺史，同向伯林破吴著冲，封安定王爵为溪州刺史，是溪州土司之始祖。

彭彦晞，又名士愁。《五代史》作士然，吴任臣《十国春秋》作士愁，彭瑊长子。后梁开平元年因溪州族人请立其子，遵以士然闻于朝而立之。士然承袭世业都誓诸州。楚王马希范铜柱誓封靖边都指挥使，金紫光禄大夫检校太保、持节溪州诸军事、守溪州刺史，兼御史大夫，上柱国、陇西开国男爵食邑三百户。后晋天福二年封兴国侯领大乡三亭二县，管辖峒民总管，在任47年，寿73，生子六人，葬辰州彭家湾。

彭师裕，彭士愁长子。任金紫光禄大夫，检校尚书左仆射。守溪州三亭县令，兼御史大夫、上柱国、武安军节度使，左押衙。溪州刺史，执溪州官的铜牌，管120峒苗民，后周显德三年（公元956年）即任，宋开宝二年（公元969年）卒，在任14年，寿62，葬会溪坪。

彭允林，彭师裕长子。后唐天成二年（公元927年）生，宋开宝四年（971年）即任，至道元年（公元995年）卒。子文勇幼，传弟允殊承袭。在任25年，寿69，葬弄塔村，谥忠武。

彭允殊，彭师裕次子，彭允林胞弟。至道元年（公元995

年）以侄文勇幼代署五载，咸平二年（公元999年）复传侄文勇。彭允殊为右千牛卫大将军致仕，仍以文勇为溪州刺史。彭允殊谥忠简。

彭文勇，彭允林长子。咸平二年（公元999年）受叔彭允殊传任，大中祥符二年（公元1009年）卒。在任11年，谥忠彦。

彭儒猛，彭文勇长子。后汉乾祐二年（公元949年）生，宋大中祥符二年（公元1009年）即任，景祐四年（公元1037年）卒。在任29年，寿89，葬会溪，谥忠穆。先是儒猛子仕瑞袭父职，仕瑞卒以弟仕羲为刺史。

彭仕羲，彭儒猛季子。天禧三年（公元1019年）生，宝元元年（公元1038年）即任，元祐四年（1089年）卒，在任52年。寿71，葬弄塔村，谥忠献。

彭师晏，彭仕羲长子。治平四年（公元1067年）即任。时疆场多故，彭师晏才能自重，至熙宁九年（公元1076年），有张翘者，上书陈北江利害，朝议以章惇为湖北提刑，经制蛮事。彭师晏会惇招讨以事上闻，诏褒之，遂筑下溪州城，因赐名会溪。授彭师宴礼宾副使兼前职，因倦于政，逊位与弟师宝，后谥忠勇。

彭师宝，彭仕羲次子。治平二年（公元1065年）生，袭兄职，元祐六年（公元1091年）即任。绍兴二年（公元1132年）卒，在任42年，寿68，葬补亚村，谥忠纯。

彭福石冲，彭师宝子。宋政和四年（公元1114年）生，绍兴五年（公元1135年）即任，彭福石冲退居永顺县城东老司城，绍熙四年（公元1193年）卒，在任59年，寿80，葬补亚村，谥忠朴。

彭安国，彭福石冲子。乾道九年（公元 1173 年）生，庆元元年（公元 1195 年）即任，宝祐四年（公元 1256 年）卒，在任 62 年，寿 84，葬补亚村，谥忠弼。

彭思万，彭安国长子。嘉定六年（公元 1213 年）生，宝祐二年（公元 1254 年）即任，元至元二十二年（公元 1285 年）卒，在任 32 年，寿 73。葬八桶湖，谥忠亿。元初内附，赐印章授武德将军。子訾。

彭胜祖，彭安国次子，彭思万弟。宋咸淳四年（公元 1268 年）生，元元贞二年（公元 1296 年）即任，延祐七年（公元 1320 年）改升安抚司，至正九年（公元 1349 年）卒，在任 54 年，寿 82，葬八桶湖，谥忠襄。

彭万潜，彭胜祖子。元大德十年（公元 1306 年）生，至正十一年（公元 1351 年）改升定抚司，明洪武二年（公元 1369 年）卒，在任 19 年，寿 64，葬雅草坪，谥忠靖。

彭添宝，彭万潜子。元泰定元年（公元 1324 年）生，明洪武二年（公元 1369 年）即任。彭添宝从父命，遣从兄敬宝通事田大方诣阙贡方物。上御奉天门东板房礼官引见。三年命百户黄元泰赍赐诰敕。六年领宣慰使司印一颗，三知州六长官司印九颗，敕升湖广等处军民宣慰使司，统辖三州六司 58 旗 380 峒苗蛮。建文四年（公元 1402 年）九月十五日卒，在任 34 年，寿 79。葬雅草坪，谥忠烈。

彭源，彭添宝子。元至正十四年（公元 1354 年）生，明永乐元年（公元 1403 年）即任，永乐二十年卒，在任 20 年，寿 69，葬雅草坪，谥忠顺。

彭仲，彭源子，洪武十一年（公元1378年）生，永乐十六年（公元1418年）即任，宣德九年（公元1434年）卒，在任17年，寿57，葬雅草坪，谥忠诚。

彭世雄，字人望，号敬斋，彭仲子。永乐九年（公元1411年）生，正统元年（公元1436年）即任。子瑄早故，乃命长孙显英代袭，在任26年，寿51，葬雅草坪，谥忠勤。

彭瑄，彭世雄子。未任，于景泰四年（公元1453年）早卒，谥孝思，葬雅草坪。

彭显英，字朝杰号正斋，彭瑄（未任职）之子，彭世雄之孙。生于明正统五年（1440），明天顺6年（1462），承袭祖父位。因功朝廷敕加升怀远将军，荷白金文绮之赐。后修猛峒别墅。

彭显英在位三十年，明弘治五年（1492）正月十五卒，寿五十二岁，殁葬雅草坪，谥忠肃。

彭世麒，字天祥，彭显英长子，弘治五年（公元1492年）三月即任。正德元年论功奉敕进阶昭毅将军，赐飞鱼服。十三年，以公献木之忱，奉敕加升湖广都指挥使，赐大红鳞衣三袭，随因郴桂劳绩，加升散官品级，授龙虎将军上护军，赐诰命正一品服色。十五年社部会勘题请圣旨，特赐牌坊名曰“表劳”。檄行辰州府劳支工价、差官赍送钦送监造，上刻玉音敕赐表劳二字以彰圣典。彭世麒在任16载，并致仕以来所向克捷，茂著多功疏靖气体，修建颗砂行署，聘延永定卫樊使君公子樊珍，朝文讨论建祠修学崇礼尚贤，请凡制度焕然一新。成化十三（1477年）年三月二十九日生，嘉靖十一年（公元1532年）九月初七日卒。在任16年，寿56，葬寿德山，谥忠毅。

彭世麟，字国祯。彭显英次子，先是长兄彭世麒莅任，彭世麟代兄奉敕征讨屡建勋劳。正德元年（公元 1506 年）以从征有功，进兄彭世麒昭毅将军。赐红织金麒麟服。“世麒不敢冒功，原欲逊位”，将金麒麟服以彭世麟服之且命其即任同受皇恩。彭世麟执意不从，以“弟代兄劳礼应乃尔云云”。二年兄彭世麒进马贺立中官，命彭世麟代署，赴阙申明疏清致仕，准令袭职，彭世麟始从命，奉敕即任。总制巡抚以捷闻奉诏诣阙，进阶昭武将军，并赐夫妇诰命。十年，部院议彭世麟屡立功绩加升散官品级，赐正鱼服三袭降敕奖励。时值朝廷营建，彭世麟弟兄自备帑金采进合式大木 460 根。兄彭世麒同侄彭明辅督运至京，各赐敕褒谕。是年彭世麟因诰封太夫人田氏年迈疏请乞休躬亲孝养，复传侄彭明辅承袭。十一年彭世麟致仕恬退之余，常怀养育之恩为母求寿，因于颗砂行署之东，建修佛阁一座，名曰“蟠桃庵”。命铜匠铸造观音一尊，并合堂圣像花瓶一对，一时金容灿烂佛座生辉。此地有茂林修竹蔚然深秀，清流激湍映带左右。又有候伯风水古树四株，干霄蔽日至今犹存。天然佛界清静宜人，宜乎孝感天心，婺星焕彩允矣，神添母算萱草敷荣。游是庵者未尝不叹彭世麟之孝心于不置也。十六年，更铸香炉一鼎、铜钟一口，以酬神恩，永为侍奉，并祈兄年永久，侄爵显荣。由是观之，彭世麟乃天资仁厚积于中，忠孝发于外，恭敬以事上，慈爱以待下，不惟才德并优，更且谋勇兼全，诚雄略英伟人也。成化十年（公元 1474 年）十一月二十三日生，嘉靖年间卒，在任 9 年，谥忠贞。

彭明辅，号得轩，世麒之子。正德十年（公元 1515 年）即任。正德十年（公元 1515 年）进大木，十三年春奉敕奖励，加升正二品骠骑将军，赐大红飞鱼服三袭。正德十五年（公元1520年）冬，彭明辅焦劳不堪任事，命长子宗汉就职。嘉靖五年（公元1526年）宗汉卒无嗣，即令次子宗舜承替，在任18年薨，孙尚襁褓，奉敕仍署其司政。升湖广都司都指挥使。然彭明辅两握篆务不遑启处，晚建谢圃公署退居林下，有晋接之友授阳明之学，是故孝弟子橹，忠信甲胄，而使吾民有勇知方也。弘治八年（公元1495年）九月初三日生，嘉靖四十五年（公元1566年）卒。寿72，葬雅草坪，谥忠敬。

彭宗汉，号石桥，彭明辅长子。正德十五年（公元1520年）即任。在任7年卒，无嗣，传弟宗舜袭职。

彭宗舜，号中轩，彭明辅次子。彭明辅历年凡奉调征剿之间，推长子彭宗汉就任，未几卒，彭宗舜继职。嘉靖六年（公元1527年）即任。奉旨加级给服色，进阶授昭勇将军。彭宗舜笃厚谦和丰姿美髯。长子彭翼云早卒无嗣，次子翼南承袭。其仁爱及物与民偕乐，钓猎自娱而筑壶窝别墅，不贻厥考忧者，才德兼优。正德七年（公元1512年）三月二十日生，嘉靖二十三年（公元1544年）五月二十一日卒，在任18年，寿33，葬雅草坪，谥忠壮。

彭翼南字晋卿，号北江，彭宗舜次子。彭宗舜薨。彭翼云又继卒。彭翼南于嘉靖三十三年（公元1554年）即任。次年正月南倭寇乱，湖川都督冯□檄彭翼南祖孙率兵进浙，克平望驿、王江泾、秋母亭、胥口、陆经坝、坡楼等处。得获贼级。三十五年南倭复寇，檄彭翼南再剿。部院会题进昭毅将军着用心杀贼。彭翼南奋勇先登，生擒徐海俘斩，蒙总督奖谕。彭宣慰谋勇兼全功勋大捷，仰各收兵俱赴嘉兴听候宴赏。南京兵部又谕："蕞尔倭夷连年内侵，东南要区屡遭荼毒。彭翼南闻调远赴，深为勤王之念，竭力效命，用成奏凯之功。元凶就戳余孽悉平，功劳茂著良可嘉尚。"工部总督赵胡会题："彭翼南集难驭之苗，冒长江之险，为皇敌忾捐躯报国，宜超咨赏以励精忠。奉旨彭翼南升云南布致使司右参政。"赐花红银五十两，绢丝四表里，以旌茂功。三十六年七月又进大木，四十三年，湖广抚院俱题："准兵部咨，奉旨彭明辅、彭翼南进大木效忠，着升彭明辅湖广都司都指挥使。赐大红蟒衣服，彭翼南升云南布政使司右布政使，赐大红飞鱼服三袭。"四十四年九月，支罗峒寇黄忠叛，抚院檄彭翼南出师，克险缚贼。未几施南散毛张三、王戍仲等大肆猖獗，彭翼南又擒获二司土官覃宁、覃启及孽犯张三等解京，特赐诰命。彭翼南才资俊逸，博学多能，侧席求贤杜远群山，承颜顺志法祖敬宗，又能驾爱宗亲无分疏离，抚慰群远皆得其所，奉调帅师其令实严，而心兼慈爱者也。嘉靖十五年（公元 1536 年）六月初一日生，隆庆元年（公元 1567 年）六月十一日卒，在任 14 年，寿 32，葬洗坝湖，后迁葬司城雅草坪，谥忠贵。

彭永年，字汝训，号怀北，彭翼南子。隆庆三年（公元 1569 年）三月即任。万历五年（公元 1577 年），实授祖职持节溪州诸军事授金紫光禄大夫。湖广道抚院奖谕：贾邦奇学习白莲邪教，遂萌恶念，造刻妖书，欲谋不轨，若非彭永年之拿解，以致扰乱地方，今不动一兵而即擒获，此固永年索性忠赤之诚心，亦由该道平日宣布之严切，功实可嘉，当铭鼎彝仰该宣慰，愈励投国之忧，益广独奸之智，几可以防微杜患者尽心为之。兵部具题，差锦衣官同泷齐钦赏到司。按公英华天萃器度琳琅。每于春露秋霜追远报本，亲醮先坟躬祀祠庙，一念仁孝可谓承前启后也。嘉靖三十七年（公元1558年）闰七月二十四日生，万历九年（公元1581年）四月二十一日卒，在任11年。寿24，葬洗坝湖，后迁葬本司雅草坪，谥忠敏。

彭元锦，字两怀，号里白，彭永年子。万历十五年（公元1587年）即任。时播州酋杨应龙叛，彭元锦率万骑赴，即时扫清奏捷。蒙总督部院檄谕："彭元锦先世以来，南征北剿四境平定，今播酋逆妖动兵征讨，本宫督兵务剿平靖。"总督部院见兵甲俱促，令彭元锦进攻乾溪、苦菜园等关，再剿海龙等处斩获贼级解验。总督部院奖云："彭宣慰提兵远来，克尽奋忠之念，大展谋勇早奏荡平之功，随部院奏请优叙。"先是彭元锦采献大木，助修清宁二宫，蒙工部复题准例加级。给予应得诰命，加飞鱼服色一袭，升授湖广都司都指挥使，进阶骠骑将军，授蟒衣一袭。万历三十四年（公元1573年）十九日生，崇祯五年（公元1632年）卒，在任46年，寿60，葬雅草坪。

彭廷机，号鼎梅，彭元锦子。未任卒，葬雅草坪。

彭泓澍，字海若，号潜玄，彭廷机之子。彭泓澍自乃祖里白公薨，以嫡孙袭职，崇祯五年（公元1632年）即任，时尚幼冲，流寇发难，彭泓澍内修捍御。弘光元年（公元1644年），蒙六部题奏，准敕授总兵关防。隆武二年（公元1646年），永历元年（公元1647年），三奉敕谕晋阶宫保、恩荫长男。丁亥王、马、袁、刘溃卒分道采攻司治，连营200余里，星罗棋布，彭泓澍集劲旅驱之境外。顺治四年（公元1647年），恭顺五临辰遣员归命蒙谕："该司既知顺逆，官还原职民复归耕，仍候疏题以酬尔功。"奈何辛卯十月，高、李、郝党盘踞内境，彭泓澍坚劲冲杀各营宵遁。未几伪王僭号，据滇、黔，遣镇袭辰沅白端珠求，彭泓澍捐帑竭产以填溪壑。当斯之时非公之疾风劲草，八百余年带砺河山不为丘墟者几稀矣。随蒙宁南靖寇大将军阿，经略内院洪会题，于顺治十四年（公元1657年）奉颁宣慰使司印一颗，及所辖驴迟、腊惹、麦着黄、田家、施溶、白岩等峒六长官司印六颗，其上溪、南渭、施溶三知州及经历文职印信，候吏部提请另给。荷蒙皇恩大赉赐王一品服，貌蟒弓马、太子太保、左都督、长男荫袭职。万历四十六年（公元1618年）十月二十六日生，顺治十八年（公元1661年）七月十八日卒，在任30年，寿44，葬纳福山。

彭肇桓，字维桓，彭泓澍长子，顺治十八年（公元1661年）即任，康熙三年（公元1664年）十二月初一日卒，在任4年，无胞弟，肇相嗣职。

彭肇相，字燮元，彭泓澍次子，因兄故，蒙抚部各院题请，继袭兄宣慰使司职。

彭廷椿，彭元锦胞弟，彭元钲之子。因肇相无嗣，故以继任。

彭泓海，彭廷椿之子，康熙十年（公元1671年）授总兵官，进剿辰龙关有功授怀远将军。清颁康熙字号、湖广等处军民宣慰使司印信一颗。继任后在有政司城立有德政石碑，彭泓海殁葬洗坝湖。

彭肇槐，字公瞻。彭泓海长子。准袭司职，于雍正五年（公元1727年）因病乞休，传子景燧。雍正六年（公元1728年）改土归流后请归江西原籍。奉旨授拖沙喇哈番之职世袭罔替。后敕任福建台湾总兵，世袭参将职。葬江西山口。

第五章

老司城从唐贞观初年至唐末的文化

第一节　部落酋长制史料

光绪《龙山县志》卷六载："其先有老蛮头吴著冲，今邑之本城洗罗、辰旗、董补、洛塔、他沙诸里皆其世土。因延江西吉水县彭氏助理。彭氏以私恩结人心日渐强盛，至彭瑊谋逐吴著冲。著冲败走猛峒。瑊复率众击之遂匿洛塔山。时有漫水司土官之弟向伯林骨肉不和，归瑊。瑊令伯林攻吴著冲。著冲困毙于洛塔石洞。瑊以洛塔之地酬谢向氏，余土归瑊。又有惹巴冲者与吴著冲结为兄弟，今邑之明溪、五寨、坡脚、捞车、二梭、三甲、四甲诸里皆其世土，后亦为瑊所并。"

《土家族土司史录》载："八蛮是生活于酉水流域的一个部落群体，因其据有八峒而得名。今土家族一般俗称八部大王。各部首领均有名称。《摆手歌》词载：为熬潮河舍，西梯佬、里都、苏都、那乌米；拢此也所也冲，西呵佬，接也飞也那飞列也。其事迹罕见于史载，主要出于民间传说或出土文物。"

乾隆五十八年《永顺县志》载：又有土人云"永顺地先为土蛮吴着送世业，因着送久延彭氏助理，彭以私恩得人心日渐强盛，遂谋逐着送。着送奔猛岗（猛岗即今永顺建城处），彭复众击之，着送败走乐大（今龙山次岩塘），仅守一隅。时有漫水向姓归彭氏。彭乃令向攻着送及彭向夹攻着送，势穷遁乐大（今龙山洛塔），竟用憋其处。彭氏以乐大之地酬向氏至今子孙世守。之后着送阴灵作祟。彭氏惧乃建祠以祀。今祠尚存旧司城土人报赛亦必及之云，信如斯言是，永顺始于彭又始于吴也，未知而依据，故附录之。"

上述龙山、永顺二县志内容一致，只是《永顺县志》把吴著冲写成吴着送，这不影响我们研究老司城的历史。《永顺县志》中多记有两句话："永顺始于彭，又始于吴也"。这两句话道出了老司城从唐贞观至唐末的历史真面目。

今老司城灵溪两岸居民大姓氏概有周、魏、朱、向、郑、王等。各姓氏祖辈传承下来的老司城口述史表明：吴王六代200余年镇守老司城。彭氏自彭瑊、彭士愁逐走吴著冲之后治理老司城。这跟乾隆年间《永顺县志》相吻合。今老司城郊外永顺连洞左姓世代传承并认定：江西彭氏之前吴王六代300年镇守老司城。笔者专程考察《连洞左姓族谱》载：始祖左治元独生异相，身长1丈2尺，两臂力举千斤，自幼不喜读书酷爱习武，母不欢却得父爱。遇机随彭肇槐来老司城。土王闻其英雄，在土司府衙待为上宾，封为"镇殿将军"，赐授指挥委旗长官。当时秋猎共诣郊野射猎。始祖手杀一只白虎并未费力。当时土司见知愈加敬慕，随插居住猛岗城东罗洞地方，分管田王二岗旗长使职。之后土司派其始祖在平定桑植苦州河战役中阵亡。左治元之子左时祥接任镇殿将军之职，仍管田王二岗旗长使职（民国三十五年季冬月浣日订谱）。

今连洞左姓世代传说：改土归流时，左时祥与土司彭肇槐关系密切，经常谈起老司城历史，认为此地自唐贞观后280余年由王、彭两姓镇守。彭肇槐并细谈始祖彭瑊、彭士愁奉旨征蛮过程。改土归流时朝廷授参将职，赏银万两回江西插户并派彭肇槐总兵台湾。左时祥时有兄弟俩随彭肇槐去过台湾，足见左、彭两家之好。

民间传说，唐末有“吴著冲”，按土家语吴或姓“王”。今老司城核心区附近有：拉卡塔、掐和大、墨利威、阮拉巴、拉土车、吴接老等许多土家语地名。笔者推测其中多含人名。

永顺县土家人都知道王村王姓先定居，吴著冲或许从王村到老司城下游的龙潭城（弄塔），再入老司城白砂溪万代屋场龙洞定居，后来才定居老司城遗址后山“吴来坪”，或与龙山洛塔吴王厅有关且均属溪州八部大王活动区域。该民间传说符合史记中的“八蛮生活于酉水流域的一个部落群体”的记载。

笔者祖母鲁隆英在世时曾说：吴著冲是唐末最后一任八部大王，俗称“吴王”。著冲的父亲叫吴着冲，伯父着塔又称吴着甲。人称冲老二、甲老大。笔者撰写《土司王朝》时仅写吴著冲一人，将其伯父吴着甲、父亲吴着冲搁置。祖母说：彭士愁父彭瑊、伯父彭玕同楚王马殷共谋入溪州剿灭吴著冲大计。他们用勇士化装成戏班入溪州老司城。其中有彭瑊子彭彦晞（彭士愁）、彭玕子彭彦昭及年轻小伙30余人。时间是唐哀帝（李柷）公元905年农历八月十五日。他们从长沙出发，经洞庭穿沅水入酉溪。戏班有生、旦、净、丑，吹打弹唱，且有医生、伙夫，带足三四年盘费，所经地方山寨演戏不收钱以博取名声。3年多后打入王村，到龙潭城、进老司城吴王府衙，彭士愁成驸马得重用，结缘吴王麾下几名大将。彭士愁又经几次大战追逐丈人至龙山洛塔山界，得到漫水向伯林协助。唐末（公元907年）底，彭氏剿灭吴著冲及其结拜弟兄惹巴冲、春巴冲。笔者撰写的《土司王朝》（2008版）在湘西得到反响。老司城周边彭氏土司后裔见到笔者说：“你写的剿灭吴著冲的故事很少有人知道，我们彭姓只有 20 世纪 90 年代在湖南省民委古籍办彭继宽前辈的书和他讲的故事与你书中的故事情节相同。”笔者当时为尽快完稿出书，搁置了吴著冲父亲和伯父的话题，现在可以接续：

吴著冲约生于唐文宗（李昂）太和三年（公元 829 年）。后梁开平元年（公元 907 年）遭彭瑊、彭士愁父子剿灭于龙山洛塔，享年 79 岁，葬地不详。

著冲伯父吴着甲约生于唐代宗（李豫）大历元年（公元 766 年），殁于唐宣宗（李忱）大中四年（公元 850 年），终年 85 岁，葬地老司城白砂溪。传说吴着甲 30 岁（公元 795 年）袭父职，当时手下有 8 个部落。吴着甲人称甲老大。他自白砂溪源头“龙洞”走出到龙潭城，再到老司城今遗址后山“吴来坪”治所。

吴着冲人称冲老二，是吴着甲之弟，小其两岁。传说吴家老大老二常住龙潭城古村，关系甚好。吴着冲自称是八部大王。

传说老大吴着甲 16 岁成家娶妻三房，生子女各七，50 岁已有玄孙，四代同堂。7 个女儿中，有 5 个与本乡富裕人家联姻，2 个嫁外村。吴着甲 75 岁时，已有儿子儿媳加上本乡女婿及后人 200 多人。

吴着冲 60 岁才生下独子吴著冲，从小娇生惯养，长大成人后性格暴躁，无德无才。他常对父亲说：羡慕老甲伯父家人多兄弟多,有权承袭老司城八部大王；且羡慕伯父有财有势。自己则是“独脚朝门”（土家人独子俗称）。他想在 20 岁当上八部大王。这实际不可能，因为伯父家 7 个儿子都已长成，老大老二才有继承条件。

吴著冲自觉承袭老司城八部大王无望，就暗地设计门路：一是自练本领学刀枪棍棒；二是广交村内外朋友；三是跟其他八部大王联姻；四是招兵买马。他在龙潭城自行立业，经营的财富超过伯父数倍，但仍比不上伯父家财产多。他 20 岁在弄塔擅自称王，父亲着冲则由他折腾。当时弄塔“村正”的官职还远远小于刺史，他竟然也敢自称“八部大王”。

吴著冲眼中无人，不仅与本村、外村年轻人打架斗殴，也时常跟伯父的儿子们为鸡毛蒜皮之事争吵打架，且总要占到上风才能收场，其结果是他在弄塔及老司城周围臭名远扬。

更重要的是他与伯父吴着甲为分家产纠缠不休。例如他家的田土在白砂溪龙洞仅有一块屋场和六亩荒地；而伯父家在龙潭城（弄塔）的田土则多达百余亩，还有荒山偏坡山林五里见方。吴著冲却非要用自家龙洞产业置换伯父家的龙潭城。伯父家 7 个儿子不肯接受。双方曾为此事闹到大乡县甚至溪州府衙且经年不决。吴著冲为此对伯父七子怀恨在心。

话说吴着甲一家人四代同堂子孙繁衍如同春笋。7 个儿子数十个孙儿个个生龙活虎，都是顶天立地的好汉。其中颇有人文武双全：琴棋书画皆精，刀矛剑戟挥舞自如。女婿家子孙也同样文武全才。但他家从不欺负别人，还因家庭富裕，时常周纳款济贫困百姓，或修桥补路做有益乡邻的事情，或为村里村外百姓行侠仗义打抱不平，因而受到村内外百姓敬仰拥护。这样才把八部大王和自置刺史坐稳，赢得了中央朝廷的信任。相比之下，吴著冲就莽撞得很。

笔者祖母鲁隆英在世时，讲过吴著冲很多残忍的故事。例如他每三年就要烧老百姓房子一次，目的只是为了他这个“吴王”观光过瘾。他每过三年就挑选一个夜晚高坐凤凰山观火台上，差人放火烧老百姓茅屋，然后一边观火一边与心腹妻妾、丫鬟、侍女吹箫弹琴，饮酒作乐。百姓房子起火越大，他越拍手称快说：巴差！巴差！（好看！好看！）祖母传说吴著冲是鲤鱼精化身。其人身材魁梧，青面獠牙，身附鲤鱼鳞片如钢铁般坚硬，斧劈不动，刀砍不入，箭射不进，火烧不伤。他还能腾云驾雾，法力无边，还吃生不吃熟，一餐能吃几斤生血生肉。吴著冲 20 岁时已是刀枪棍棒样样精通，还结识了村内外几百名年轻力壮的同伙蛮兵。

有一天，他邀请上溪州龙山惹巴冲来龙潭城做客，庆贺他组建蛮兵占据龙潭城（弄塔村）产业，且让蛮兵队伍加入宴会。席间吴著冲与惹巴冲、春巴冲吃血酒结拜金兰举杯痛饮。次年，他把父母送到龙山洛塔山界，由惹巴冲、春巴冲两兄弟代为照看。

第二节　吴著冲绝杀堂兄长

（转述笔者祖母鲁隆英所讲的传说故事）

吴著冲绝杀堂兄弟，又称绝杀甲大子或夜杀“家”大子。皆因吴著冲伯父七子也是吴家人，故称绝杀“家”大子。“甲大子”则因吴著冲伯父“甲老大”得名。传说唐宣宗（李忱）大中四年（公元850年）农历六月一个漆黑的夜晚，吴著冲调集上溪州惹巴冲、春巴冲部下蛮兵500余人加上自家500多蛮兵，共千余名精兵强将手持刀枪棍棒，聚集在老司城灵溪河畔吴来坪，把7个堂兄弟的住所团团合围。

骨肉相残的惨剧终于发生。吴著冲当晚用部分兵力围住吴着甲7个儿子的住处，留出部分兵力四处阻卡：东至接官亭坎下，南至偏岩（今松柏古道），北至神仙打眼，西至那土车（今瓦场坎上），每卡30人。吴著冲、惹巴冲、春巴冲分带精兵围攻伯父家七兄弟及其亲属，其余兵员到街口、巷口狙击百姓。约定亥子时之交动手。

但千余名武装蛮兵在老司城灵溪两岸活动，难免走漏风声。当时六月天气炎热，有人家门户不闭通风乘凉，有的老头在打草鞋，有的妇人在纺纱织锦。吴来坪、正街西头、杩坊口、王家湾等处居民最早得知兵讯。穿街巷报时的更夫们继而躲避。吴着甲的7个儿子及其子孙后代、女婿、外孙和村内勇武报恩的百姓、悄然手持刀枪棍棒在不同街道巷口聚集准备反击。

子时一到恶战开始，灵溪河两岸杀声四起。七街八巷有的关闭门户，有的点亮红灯，有的则吹熄灯盏逃离。吴著冲原计划一个时辰绝杀，结果变成三个时辰的恶战，才把堂兄弟七家杀绝，且虐杀村民近百人。吴著冲麾下蛮兵也战死百人之多。85 岁高龄的吴着甲也上吊身亡。双方死亡 200 多人。伤者逃走他乡改名换姓隐居起来。

老司城百姓次日开门见到正街西头、西门沙洲、八部湾口、杩坊口等处的血泊及尸首，真是惊心动魄！暗骂吴著冲“狼心狗肺忤逆子”、残杀骨肉丧尽天良。

此事件超出官府控制。官老爷只好命吴著冲收尸掩埋。但 200 多尸首何处去埋？葬地棺木何处去买？吴著冲遂派人将所有尸首抛入八部湾山沟出口处深坑。加上吴著冲坐镇吴来坪治所，执政期间又乱杀无辜，也将尸首扔到这个坑里，老司城“万人坑”由此得名。总之这个“万人坑”就是吴著冲残暴行为的见证。

事后，吴着甲的外村女家亲人好友按当时习俗为德高望重、百姓拥戴的吴着甲举行安葬，当时溪州府衙大乡县衙也派官员参加。数百人护灵至白砂溪某葬地。亲友还为吴家死者和百姓亡灵一并设灵堂举办“亡魂超度”。传说吴著冲的父母也在龙山于当年去世。

吴著冲终于在唐宣宗大中四年（公元 850 年）登上溪州八部大王之位。朝廷也确认其羁縻州刺史职权，坐镇老司城吴来坪治所。

吴著冲至此与上溪州惹巴冲、春巴冲关系更为密切。大家同为溪州八部大王和朝廷溪州命官。唐中和三年（公元 883 年），朝廷正式在此地置刺史，包括溪州周边 20 个州均置刺史。

吴著冲忤逆残暴殃及荫德。传说他 60 岁才生独女。他自知坏事做多讨人愤恨，晚年日子难过。为保事业延续，他一面招驸马入宫；另一方面物色得力助手。彭士愁因而当上驸马，并将努力嘎巴、科洞毛人、热其巴、田好汉提成将领，势力更为强大。

十月，彭士愁将吴著冲从老司城吴来坪治所逐至龙山洛塔。其间经过四次大战。年底时，彭士愁得到漫水湾向伯林部帮助合剿吴著冲，吴著冲在洛塔石洞身亡，溪州吴著冲六代八部大王自置刺史就此结束。后梁开平二年（公元 908 年），彭瑊之子彭士愁经朝议为溪州刺史，后梁开平四年（公元 910 年）朝廷授任彭士愁为溪州刺史。

学者罗维庆、罗中编著的《土司制度与彭氏土司历史文献资料辑录》载：马楚政权由许州鄢陵人奠基。马殷于唐僖宗文德年间从赣南入湘，经十数年经营形成地主割据政权。马殷及马楚政权核心人物均非湘人。如左丞相姚彦章是汝南人。右丞相徐德勋是蔡州朗山人，谋主署都军判官高郁是扬州人，永顺军节度使张佶是长安人，岳州刺史范玖是蔡州人，郴州刺史彭玕是庐陵人，六指挥使袁诠以及静江节度使、同平章事李琼都是早年随马殷征战的非湘籍人氏。马殷入主湖南后，采用高郁“上奉天子下抚土民”“训卒厉兵保境安民”的“霸业政策”。他一方面消灭地方割据，一方面团结任用湖南官吏以求境内安定并扩大经济基础。这一政策对汉区和边疆民族地区的治理都有深远意义。

马殷这一政策的实质，就是借助彭氏溪州始祖彭瑊、彭士愁父子来湘西剿灭罪大恶极的吴著冲等的形势，主动任用溪州当地官吏，尊重土家先民自我选择意愿而实行的民族区域自治。例如对老司城吴著冲伯父的后裔就用此政策。从汉、晋、六朝、唐、五代、宋、元、明，均对溪州八部大王用此政策。吴著冲是唐末最后一任溪州刺史（即八部大王）。从五代开始至宋代止，溪州其他地方也开始任用当地官员。溪州府老司城则只有彭氏世袭溪州刺史。由此证明彭氏尊重原居民先民的意愿从元代起就有先例。

《永顺县志》（1995年版）记载："永顺县战国时属楚之黔中地。秦时属黔中郡。西汉高祖元年（公元前206年）置酉阳县，治所在今治灵溪镇东南。晋至南北朝均为酉阳县地。晋属武陵郡，南朝宋置武陵太守。南朝齐梁复属武陵郡。南朝陈属沅陵郡。隋代置辰州，废酉阳并迁陵，改为大乡县，地属沅陵郡。唐天授二年（公元691年）析辰州置溪州，永顺地属溪州大乡县。天宝元年（公元742年），改溪州为灵溪郡。乾元初，复名溪州，隶黔中道。五代后梁开平四年（公元910年），楚王殷以彭士愁为溪州刺史，为晢下州属楚溪州地。但彭据地自雄，自置二十州，永顺属地有中溪州、下溪州、溶州、渭州、永顺州等，永顺之名始于此。宋代为下溪、南渭、溶等羁縻州地。下溪州治所在今旧司城东南30里，旧司城属荆州湖北路。元代，永顺境设永顺宣抚司属四川行省，置麦著土村、会溪、施溶、感化州和腊惹峒、驴迟峒，属湖广行省思州军民安抚司（治今贵州凤岗），又设南渭州属湖广行省新添葛蛮安抚司（治今贵州贵定）。"

上述《永顺县志》将老司城和唐置溪州历史记载得很清楚，更值得注意的是"置麦著土村"。笔者认为这个"麦著土村”是用人名结合地名的村落名，指明代“麦着黄峒”。这证明彭氏尊重原居民先民，彭氏宋代之前任溪州刺史时，地方首领中就有第四任溪州刺史彭允林以土家语各麦吉把为名；第七任溪州刺史彭儒猛以土家语谷麦夫送为名，第九任溪州刺史彭仕羲土家语名福送；第十任溪州刺史彭师晏土家语名谷惹贴送；第十一任溪州刺史彭福石冲也用土家语取名。这都是彭氏试图融入当地民族的范例。

笔者认为唐、宋、元代老司城或曾置“村”，有待今人发现弥补。

明代老司城为“吴着大村”即吴着甲的后裔居处。这显示出楚王马殷嘱托彭瑊、彭士愁父子入溪州之后“上奉天子、下抚黎民”，尽可能任用当地民族首领的政策的直接体现。

《永顺彭氏族谱》载：元至元十三年（公元1276年），第13世彭氏首领彭思万归顺元朝，受赐“武德将军”及印章。老司城彭氏正式执行中国土司制度从此时起。“司城”“土司王城”的名称响亮起来。元代设置的“麦著土村”（明朝时改称“麦着黄峒”），只有彭氏官府衙役知晓。村民后裔则已忘记。明代鼎盛时设置的“吴着大村”同样被更有名的“司城”“土司王城”湮没。全靠第24任土司彭宗舜执政时铸造的祖师殿铁钟铭刻“吴着大村”和土司把总向永寿墓出土的“买地券”铭文“吴着大村”证实，还有雅颂溪陈氏族谱记有“吴着大村”可证实。这些资料证明彭氏土司土民承袭的八部大王到明朝改称官爵的“村正”与明朝相始终：“首八峒，历汉、晋、六朝、唐、五代到宋、元、明，为楚南上游……故讳八部者盖以咸镇八峒，一峒为一部落”至此结束。

第三节　吴著冲家史民间传播

老司城世居姓氏有周、魏、朱、肖、许、李、谢、陈、彭、向、付、郑、王、秦、喻、田等，还有附近连洞猛岗左姓。其中老司城瓦场王姓居住之地与传说中吴著冲起家之地“龙洞”接近。王姓老人传说最令人信服。

按土家语“吴”不是姓；“着”“著”不是房派；“冲”则指酋长首领，吴着冲连读是土家语“吴着王”之意。

传说吴著冲六代称王，或有兄终弟及之俗，且有8—10位家族成员承袭八部大王位。前五代只有民间流传而无史记。到吴著冲才有史载。唐末，吴著冲本人已是八部大王即酉水流域之首蛮。但他不满足现状还要扩大势力。《永顺县志》载：“吴王厅的县东北六十里，内塔卧保四面陡绝，仅一线路可通，山顶平坦有似厅堂，相传五代时老蛮头吴著冲僭称王。号称屯兵于此，故又称吴王屯山迄今遗址尚存。”《龙山县志》载：“洛塔山在县南六十里……上有旧厅，址曰吴作厅，即蛮酋吴著冲困殁处。”

据光绪《龙山县志》卷六载：“其先有老蛮头吴著冲，今邑之本城洗罗、辰旗、董补、洛塔、他砂诸里，皆其世土……”《龙山县志》中又记有：“又有惹巴冲者，与吴著冲结为兄弟，今邑之明溪、五寨、坡脚、捞车、二梭、三甲、四甲诸是皆其世土……”

上述史记与老司城诸大姓，连洞左姓民间流传的故事相吻合。唐末时，龙山、桑植、古丈、保靖、永顺等地整个溪州是吴著冲的势力范围。龙山史记载：吴著冲。永顺县史记却载“吴着送”或“吴着宠”。民间传说都是“吴著冲”。

吴著冲不姓吴而是意思不明的土家语。老司城瓦场王姓和连洞左姓都认为吴著冲姓王，或许是取其职位。这个问题有待考证。史料有载：“王堂，西汉时人，任武陵太守，王莽篡政王堂不臣，于所在起兵困境自守。”汉光武帝即位，仍以王堂为武陵太守。这说明武陵五溪（雄溪、樠溪、舞溪、辰溪、西溪）先民多称王姓。民国十九年（公元1930年）张文琴主撰《永顺县志》职官志，认定唐代溪州刺史四人是：王清、窦孝诚、王溥、王播。王姓占三个。五代、宋代也都有王姓任溪州刺史。

永顺《弄塔王氏族谱》载：“其先避秦，奔楚至溪州，古为黔中地，因避秦乱南来，先入蛮地……”以上资料和民间流传的故事，证实王姓住溪州人之多，势力最强。民间传说王姓中的吴著冲祖先先在王村定居，后入老司城弄塔，又入老司城白砂溪内“龙洞”“万代屋场”，再走出来至龙山洛塔、桑植等，发展到溪州全境。

《中国古代史》载：“南方的少数民族，南朝时期在南方的广大地区住着蛮、俚、僚、溪、彝等少数民族。蛮族种类繁多，语言不一，在南方少数民族中人口最多，分布地区最广。大部分居住在湖南、安徽、河南境内，主要从事农业兼手工业生产。这些少数民族人民分别进行各种生产劳动，有的生产水平还相当高，如蛮族农民种植米谷常获丰收，史书里有蛮田大稔积谷重岩之语。”

古代史中的蛮族，笔者认为指今日土家族祖先原居民先民和苗族祖先，即南方五溪境内先民。笔者根据史料、民间流传撰写的唐贞观年间至唐末280年里，老司城农业和手工业发展及老司城八部王姓世代镇守，可推测老司城弄塔汉代或唐代置村有据而实。

隋唐之世，南方蛮族日盛。唐天授二年（公元691年）老司城置溪州设大乡县、溪州府，设灵溪郡。吴著冲的始祖无疑是溪州地区的首蛮，即八部地区之首。王姓六代统治溪州坐镇老司城。老司城及溪州百姓认为称王的是统治者。“王”是龙的现身，故吴著冲及父吴着冲、伯父吴着甲等住过的地方均以“龙”字开头。如白砂溪内“龙洞”、弄塔建城后又名“龙潭城”，弄塔下面200米处吴著冲游玩的地方“龙门沟”以及“龙山”惹巴冲、春巴冲的住地，都是以“龙”字开头。这是溪州老司城古代大传统的体现。

吴著冲及其祖先在老司城白砂溪内“龙洞”“龙潭城”到王氏（民间称吴王）在老司城遗址后山“吴来坪”的两大坳坪及一偏坡共计约15亩建筑面积，应是“吴王”即著冲伯父吴着甲治所。弄塔也在其内。

《宋史》载：“蛮民顺附者，一户输谷数斟，其余无杂调。而（汉地）黎民赋役严苦贫者不复堪命，多逃亡入蛮。蛮无徭役，强者不供官税，结党连群动有数百千人，州郡力弱则起为盗贼，种类繁多户口不可知也，所在多深险。”老司城正是酉水上游中的深山峡谷之处，天高皇帝远，土家苗裔先民由蛮王主宰。

吴著冲“绝杀伯父七子”之事正值唐末前段。他不满足于老司城，欲将领地扩充至整个溪州。乾隆五十八年《永顺县志》载：“永顺地先为土蛮吴着送世业。因着送久延彭氏助理，彭以私恩得人心，日渐强盛，遂谋逐着送。着送奔猛岗（今永顺建城之处）。彭复众击之。着送败走乐大（乐大在龙山县境内）仅守一隅时，有漫水向姓归彭氏。彭乃令合攻着送。及彭、向夹攻，着送势穷遁乐大（今龙山洛塔），竟用毙其处。彭氏以乐大之地酬向氏，至今子孙世守之。后着送阴灵作祟。彭氏惧乃建祠以祀，今祠尚存旧司城土人报赛蛮必及之云，信如斯言是，永顺始于彭，又始于吴也，未知所据故附录之。”

光绪《龙山县志》卷六载：“其先有蛮头吴著冲，今邑本城之洗罗、辰旗、董补、洛塔、他砂诸里皆其世土。因延江西吉水县彭氏助理，彭氏以私恩结人心日渐强盛。至彭瑊逐谋吴著冲。著冲败走猛峒，瑊复率众击之，遂匿洛塔山。时有漫水土官之弟向伯林骨肉不和，归瑊。瑊令伯林攻吴著冲，著冲困毙于洛塔石洞。瑊以洛塔之地酬向氏。余土归瑊。又有惹巴冲者，与吴著冲结为兄弟。今邑之明溪、五寨、坡脚、捞车、二梭、三甲、四甲诸里皆其世土，后亦为瑊所并。”

以上永顺龙山两县志和老司城及附近左姓民间传说三者吻合。吴著冲六代或有8—10位家族成员为唐贞观至唐末八部大王（溪州自治刺史）。民间传说吴著冲野蛮凶悍，曾“绝杀甲大子”（又说绝杀“家大子”），做出惨绝人寰的事。吴执政时鱼肉百姓之事确实存在。最后在唐末引来彭瑊、彭士愁父子受楚王马殷之命，历时3年多将吴著冲及其弟惹巴冲、春巴冲剿灭在龙山洛塔、洗车河境内。至此，以溪州八部大王为代表的部落酋长制度的统治彻底结束。

第六章

明代老司城置村考
及溪州地盘辖区

第一节　祖师殿铁钟作鉴证

铁钟铭文：

法轮常转

右洎合司舍把众信人等，即日上下圣造。言念后半百年光景，日月如梭白驹易过，四重深恩未报没齿难忘，食夕拳拳心怀切切。由是同发虔心喜舍资财。命臣炷造洪钟一口入于本司马浦圣殿，永克供养。

上愿：皇瓯清穆，圣寿悠长；

更祈：官长安荣，封疆永固；

下祈：众信均仗康宁，俗美岁丰民安物阜。

谨意！

帝道遐昌

大明国湖广永顺等处军民宣慰使司、吴着大村土地居、奉神喜舍信士彭士俊。

把总：白晟、张虎

彭九龄、向永寿、汪斌

管家：严谨、彭远、彭志高、田泰

彭九龄、向永寿、汪斌

头目：田鹗、田大用

皇图巩固

恩爵前致仕宣慰使司：彭世麒

恩爵致仕宣慰使：彭明辅

现任宣慰使：彭宗舜

官舍：彭明伦、彭明义、彭明德

经历司信官：徐朴

明嘉靖十年[①]岁次辛卯铸造。

以上是原铭文。

此钟铭文证实：彭氏土司从祖先彭瑊、彭士愁起，尊重当地民族融合民意，在明鼎盛时期道教、佛教文化均受原居民先人喜欢、赞同。铭文开头第二句："众信人等"包括佛道两教信徒信士，也包括老百姓及土司官员。这证明明代老司城佛教、道教文化已经深入人心。

笔者认为最值得深思研究的是下文解说：

帝道遐昌

大明国湖广永顺等处军民宣慰使司、吴着大村土地居、奉神喜舍信士彭士俊。

上面三句无须解释。笔者专释"吴着大村土地居"这七个字。

前三字吴着大是人名，即吴著冲伯父后裔。吴着大村即老司城、土司王城。唐代以八部大王为羁縻州刺史。唐贞观年间（或指王姓）开始了解此村民。这说明彭士愁以及之后历代土司能够将唐代命名弄塔村名保存。明朝命名吴着大村之前，且

① 明嘉靖十年即公元1531年。

有元代麦著土村（明代古丈麦著黄峒），全靠彭氏土司记载保存下来。笔者作为土生土长的向姓后代，感恩于向家祖先如始祖向宗彦（向老官人），还有笔者的祖母鲁隆英。她将老司城历史重要的史事传承下来，传给笔者这一代。

铭文接着后三个字：“土、地、居。”

“土”即本土。“地”即当地。“居”按《新华词典》有多种解释。其中居士指①隐居的人；②称不出家的佛教信徒。2004年《新华大字典》解释：居士义同处士。古时用来称呼有才德而隐居不仕之人。如今居士多为佛教用语，是梵语音译词。原指古印度吠舍种姓工商业中的有钱人，后来称呼受过“三皈依”和“五戒”的在家佛教徒。又称在家的佛教女信徒为女居士。

2015年版《现代汉语词典》对居士的解释为不出家但信佛或修道的人。

“土、地、居”三字说明彭氏土司到明代，已与当地村民关系融洽。土司时代有十大寺庙，僧尼50多人。老司城对僧尼统称“和尚”，还有在家的男女佛教、道教信徒，因出资信徒信士太多，仅用“居”字将吴着大村信徒信士囊括在内。这些文化事实值得深入研究。

第二节　向永寿墓地出土买地券

永顺县文物局鲁老师撰写的《永顺金石录》向永寿墓买地券铭文：[①]

惟大明隆庆四年岁次庚午，正月己巳朔，初八日丙子良吉、贯系湖广永顺等处军民宣慰使司吴着大村土地分居住，奉三宝证盟买地。亡者向永寿原命生于弘治辛亥年八月二十一日亥时。受生享春光八十岁，大限殁于隆庆三年十二月二十六日卯时。□□□□，当备衣木封殓在堂无地安葬。

请引领人张坚固、李定度，踏入白鹤仙，迁到此地一穴，坐向寅山申。东至青龙，西至白虎，南至朱雀，北至玄武；上至青天，下至黄泉。正穴方广□步为茔。

谨择金辰吉日良时，虔备信钱九万九千九百九十九贯文，值买此地两交明白。地中若有伏尸故□□□□者，速避千里，不许干犯。如违，照依《女青天律》治罪。葬后亡者安然，生人吉庆。

急急如九天玄女五帝使者令！

敕右券给付：买地亡者向永寿号云崖，正魂收执

① 向永寿是当时彭氏土司宣尉使司属下把总。祖师殿铁铭文有其名。他在彭氏宣慰使司府衙里有较高威望。向永寿墓买地券是 2012 年 5 月在老司城小河白砂溪义渡田后山墓地出土，铭文刻于方砖上面，中间刻有道教敕令符号，四方四角刻有八卦符号，背面为地券文字，正面符号和文字用朱红色填涂。

安葬。

向永寿墓买地券的出土，能帮助我们了解老司城第11任彭福石冲（溪州刺史）撤会溪坪，撤龙潭城，在老司城兴城的一系列过程。从上述资料、金石铭文我们完全能认定为“吴着大村”，即明代老司城置村，或许是从元代就已置“吴着大村”。

铭文中有：“贯系湖广永顺等处军民宣慰使司吴着大村土地分居住”，实为宣慰使司就设在“吴着大村”。

清雍正二年（公元1724年），彭氏第34任土司彭肇槐将治所迁灵溪河上游30华里的颗砂建新司城。土司城就成了旧司城，用“老”“古老”等字眼要好于用“旧”，“老司城”的称呼因而出名。那么元代置“麦著土村”、明代置“吴着大村”以八部大王的名字置村。后村名被司城、老司城淹没，乃至土家人忘记了以前的名称。今天全靠上述金石刻铭文和民间传说又将老司城的前世记录下来，但愿能传承下去。上述资料是文物考古专家从地下挖出的“金元宝”，要让湘西州土家族、苗族、汉族各族人民了解老司城历史，让溪州八部大王后裔祖先神光普照，赐福湘西人民。

笔者认为元代老司城置“村”现已无处查询，有待进一步考证。明代吴着大村以人名为村，其人是唐代吴著冲伯父吴着甲后代无疑。

第三节　雅颂溪《陈氏族谱》史料鉴证

据雅颂溪《陈氏族谱》载："始祖陈必贵，原籍江西清河县。明嘉靖年间任清河南滇知县。奉朝廷之命来永顺协同永顺"吴着大村"土司采楠木，被永属州官彭宗显聘为幕僚，之后被彭翼南封授'旗长'之职并世代承袭。"

第四节　溪州的地盘及辖区

永顺溪州区域包括今桑植、龙山、永顺、保靖、古丈等地。

据民国年间曾在永顺工作的前辈吴壮达先生撰文：“在今永顺城北，散布着一些古老建筑物遗址。四百六十一年前，猛峒河沿岸还是草莽未开人迹罕至之时，这个遗址散布的区域，曾经有一座规模宏伟大厦称猛峒别墅（今州二民中后面）。”

猛峒别墅主人彭显英（明成化二十二年公元 1486 年）建猛峒别墅。他是当年酉水流域二主之一。彭显英继承十余代先人遗产，拥有酉水沿岸大片土地，纵横百数十里：包括今永顺、保靖、龙山和古丈以及桑植一部。当地居民按先人传统均受其指挥。彭显英土司曾多次受朝廷征调，率领土兵参与桂、黔、川等地平乱。他回守家园感到需要游乐之所颐养天年，于是择定这块土地，辟成一座兼备花园、钓鱼、祭坊、寺庙的园林。他还有座政治衙署（老司城），位于离城三十里地方。此即明代彭氏管辖区域（此资料由吴老前辈子吴杰明、媳尹燕尼提供。吴、尹夫妇今住广州）。

乾隆五十八年《永顺县志》载：“又有土人云：永顺地先为土蛮吴着送世业，因着送久延彭氏助理，彭以私恩得人心，日渐强盛，遂谋逐着送，着送奔猛岗（今永顺建城处），彭复众击之。着送败走乐大（乐大在今龙山县境内）仅守一隅时，有漫水向姓归彭氏。彭乃令合攻着送。及彭、向夹攻，着送势穷遁乐大（今龙山洛塔），竟用毙其处。彭氏以乐大之地酬向氏，至今子孙世守之。后着送阴灵作祟，彭氏惧乃建祠以祀，今祠尚存旧司城土人振赛必及之云信如斯，言是永顺始于彭，又实始于吴也。未知所据故附录之。”

吉首大学田清旺老师著的《从溪州铜柱到德政碑》载：“溪州，作为中国古代的行政区最早置于唐代。”据乾隆《永顺县志》记载：“唐天授二年，析辰州，置溪州灵溪郡，领县二；曰大乡、三亭（三亭县，贞观九年析置），属黔中道。充县于晋大康六年，析澧州，后省入临澧。隋大业中，置崇文、慈利县唐仍之，后省崇义入慈利。五代时，并属楚溪州。”

《永顺县志》又有记载：“五代以后彭氏据其地，州有三，曰上、中、下溪州。又有龙赐、天赐、忠顺、保静、感化、永顺州六。懿、安、远、新、治、富、来、宁、南、顺、高州十一。总二十州皆置刺史。”以上系宋代前事，辖湘西毗邻七省市部分地区。

第七章

吴着大村地盘区域及人口

老司城灵溪河下游12华里（6000米），即是彭允林所建龙潭城（弄塔）。彭氏第11任溪州刺史彭福石冲于南宋绍兴五年（公元1135年）撤废龙潭城，龙潭城的居民陆续迁往吴着大村。只剩几户耕种庄稼人。“弄塔”村名及其地盘实与“吴着大村”区域重叠。

吴着大村地盘东至泰平山顶，西至白砂溪源头的禾撮山界；西南至抚志的马拉；南至哈尼宫调节坝以上；北至自生桥以下，西北从八部湾山沟直到今司城联合组坎下。辖地约42平方公里。

42平方公里的地盘中有如下大小山寨：

村核心区：朗溪河、弄塔、雅颂溪、杜家屋场和瓦场、拉（音那）土车等7个自然寨（不包括八街九巷二口）。

今上河组：洛塔坪、新居湾、漾查枯、射圃、响搪、利木湖6个自然寨。

今搏射坪①：毛虫坪②、彭家湾、张家偏坡、骡子湾4个自然寨。

今别些：田家湾、石家堡、松枣、下别些4个自然寨。

以上共计大小山寨21个。各寨均设寨长，负责农民赋税和人口出生死亡登记。推测当时户数、人口数如下：

改土归流前永顺县人口史籍无存。清代两朝三期附记于下：

---

① 搏射坪中华人民共和国成立之初曾称解放大队。

② 毛虫坪即猫虫坪。“猫”即虎。

年 代	县总人口	其 中		
		土民	苗民	客民
雍正十二年（1734）	44024	28654	10144	5226
乾隆七年（1742）	102683	55074	22171	25438
乾隆二十五年（1760）	185031	113765	25133	46133

（以下人数为笔者推测）

核心区八街九巷二口	1400 户	8500 人
府县衙内外加城管城防及寺庙僧等	400 户	1500 人
吴着大村核心区	250 户	1300 人
吴着大村（核心区周边）	260 户	1500 人
别些	250 户	1300 人
博射	150 户	750 人
上河	150 户	750 人
合计：	2860 户	15600 人

《古代史》载："唐代以后县以下基层设置乡、里、保、邻，四家为邦，五邻为保，百户为里，五里为乡，把农民编入乡里之中。"吴着大村自然寨有别些、搏射、上河（射圃）、吴着大村等，原按自然村落为小村，因当时吴着大村家族最大、人最多、势力最强，县府衙按实情合并一村即吴着大村。

又加上以仁德当村正受到百姓拥戴，故将以上小村落合并为一个村，即"吴着大村"。吴着大村是在彭氏都督府领导下，以村正的职位发挥当地人的自治权和管理权。汉以来的八部大王之后代管理整个溪州的权力到明代结束。

上述史记中有："四家为邦，五邻为保，百户为里，五里为乡，把农民编入乡里之中。"

上述史记可证《永顺县志》所载："梁始为大乡县"的记载，"吴着大村"不是以方圆五里为乡，而是辖地42平方公里为乡。老司城设大乡府衙因而是有凭有据的。大乡县之名结束于五代后晋天福五年（公元940年）立铜柱后，是永顺得名之始。

第八章

老司城前世今生

老司城祖师殿（中共永顺县委宣传部提供）

第一节 老司城前世

老司城自汉至唐末，政权由溪州八部大王世代承袭。五代至宋代，江西彭氏从彭士愁起世袭溪州刺史。元代置宣抚司。明洪武六年（公元1373年）彭氏土司升宣慰使司，老司城开始大规模营建。

2015年“申遗”时，笔者从彭氏土司稽勋录中发现老司城辖区弄塔置村资料，推测弄塔当时是汉代置村。又发现明代老司城置“吴着大村”，这等于翻开了老司城历史新的一页，使“吴着大村”重见光明。这不再是埋在土里的方砖，也不再是刻在铁钟上的铭文，而是已经进入知情人心胸脑海的活历史。我们由此知道八部大王吴着甲后裔明代仍有职守。

元代置麦著土村（指今古丈茄通一带）。

老司城下游12华里（6000米）的弄塔在汉代置村。老司城明代置村的时候包括弄塔村。这都是历代祖先经营过的地方。这段历史从唐贞观年间溪州八部大王世代承袭，有保靖县水坝村出土八部大王庙残碑铭文为证：“首八峒，历汉、晋、六朝、唐、五代、宋、元、明，为楚南上游……故讳八部者，盖以咸镇八峒，一峒为一部落。”按照上述铭文，八部大王吴着大的使命至明代结束。而“吴着大村”“弄塔村”之村名一直沿用至今。

要了解老司城（溪州）史，我们得先翻开1995年版《永顺县志》所载：“永顺县战国时楚之黔中地。秦时属黔中郡。

西汉初，置酉阳县。酉阳治所在今治（灵溪镇）东南。晋和南北朝时，均为酉阳县地。晋属武陵郡。南朝宋置武陵太守。南朝齐梁复属武陵郡。南朝陈属沅陵郡。隋代置辰州，废酉阳，并迁陵，改为大乡县地，属沅陵郡。唐天授二年（公元691年），析辰州，置溪州，永顺县地属溪州大乡县。天宝元年（公元742年），改溪州为灵溪郡，乾元年初，复为溪州，隶黔中道。五代时，后梁开平四年（公元910年），楚王马殷以彭士愁为溪州刺史为誓下州，属楚之溪州地。但宋代为下溪、南渭、溶州等羁縻州地。下溪州治所在今东南30里旧司城，属荆州湖北路。元代永顺境内设永顺宣抚司属四川行省；置麦著土村、会溪、施溶、感化州和腊惹峒、驴迟峒，属湖广行省思州军民安抚司（治今贵州凤冈）；又设南渭州属湖广行省新添葛蛮安抚司（治今贵州贵定）。明洪武二年（公元1369年）置永顺军民安抚司，六年（公元1373年）升为永顺宣慰使司，辖‘三州’‘六长官司’。时永顺境有南渭、施溶二州，腊惹峒、麦着黄峒、驴迟峒、田家峒、施溶峒五长官司。清雍正五年（公元1727年），永顺土司彭肇槐请求纳土，改设流官；雍正七年（公元1729年），置永顺县，治所在今灵溪镇，属辰沅水靖道永顺府。”

上述隶属或有时变。但彭氏土司自南宋绍兴五年（公元1135年）彭福石冲在老司城兴城之后，至清雍正二年（公元1724年）彭肇槐将治所迁颗砂，但彭肇槐又经常来老司城处理善后事宜。雍正五年（公元1727年）彭肇槐纳土，老司城从此荒废；置永顺府于猛峒坪，即今灵溪镇。

城的兴起

值得一提的是江西彭氏入驻溪州之后，彭瑊、彭士愁父子于后梁开平四年前，打败吴著冲等当地土著首领。至此，中国西南武陵山中的五溪之地尽归彭氏。

彭瑊殁后，其子彭士愁任溪州刺史，为了减免赋税，争取更大领地，彭士愁于后晋天福四年（公元939年），率溪、锦、奖三州万余人，与楚王马希范进行了长达半年之久的“溪州之战”，结果彭士愁战败，但他主动求和，取得了更大成果。后晋天福五年（公元940年）彭士愁与马希范在酉水流域的会溪坪结盟议和，铸立铜柱，并将盟约文镌刻在铜柱之上。盟文中有：“尔能恭顺，我无科徭，本州赋租，自为供赡，本都兵士，亦不抽差，永无金革之虞，克保耕桑之业”。盟约在维护中央王权一统的前提下，给了彭士愁在政治、经济、军事等方面的高度自治权，这种自治权，远远超出汉唐以来的羁縻州的程度，彭士愁有了二十州的合法权益，并兼任都誓主。

彭士愁与马希范缔结盟约之后，治理溪州得心应手，彭氏第11任溪州刺史都誓主彭福石冲在老司城兴城，使中国土司制度在溪州从元代得到确立，明代得到发展，至清雍正年间废止，经历了数百年之久，对我国西南地区历史产生了深远影响。彭氏完整见证了这一制度从产生、发展到消亡的全过程。

城的鼎盛

老司城，明代洪武年间已有了八街九巷二口，分别置于灵溪两岸，城内三千户，城外八百家。其中贵族生活区、都督府、衙署区、正街、中街、左街等七条街道和八条巷在河东，其余各种功能的设施在核心区和周边。

那时，雄伟的宫殿，辉煌的照壁，照壁前桅旗杆上“承流”“宣化”旗帜高高飘扬，阔大的衙署，飞檐的钟鼓楼，庄严的宗祠，高耸的楚南雄镇牌坊，儒雅的若云书院，圣洁的十座寺庙，幽静的山庄、别墅，肃穆的紫金山墓地……还有校场坪、刀枪库、烽火台、十至十五一塘、三十里一关，一百八十里之内设置的数十个关隘，构成了“五区之巨镇，百里之边城”。一座有着内罗城、外罗城的城堡①在中国西南武陵山的深处由兴起到壮大。

清代唐仁汇有《老司城怀古》一诗，赞曰：

殿阁高耸碧云烟，威振边疆八百年。
山环水绕形胜古，龙盘虎踞势天然。
河山带砺恩波厚，铜柱标名德泽宣。
自古英雄本无种，安知后世无前贤。

受朝廷封赏

老司城的元代土司彭氏，从明洪武皇帝至清嘉庆皇帝，老司城是当时朝廷重点建设的城，彭氏土司是朝廷倚重的地方力量。

从元、明至清康熙年间止，彭氏土司依“齐政修教，因

① 内罗城指：贵族生活区、钦命都督府（宫殿区）、衙署区（左新衙即城墙内）。外罗城指：吴来坪凤凰山腰围墙以内至正街、中街、河衙、南门巷等处。

俗而治”的方式，上效忠朝廷，下扶黎民，受到历代朝廷倚重，彭氏奉行土司制度，数百年内服从朝廷征调达60余次，他们的足迹踏遍大半个中国。依历史资料列举以下几名土司：

第13世土司彭思万。《土家族土司史录》载：“彭思万，安国长子，宝祐二年（公元1254年）袭职。中统三年（公元1262年）思万归顺元朝，赐印章，授武德将军。至元二十二年（公元1285年），思万卒，谥忠亿。”

第21世土司彭显英。《溪州土司全传》载：彭显英，号朝杰，字正斋，明天顺六年（公元1462年），调征桂寇，剿平。朝廷授封“怀远将军”。后又修猛峒别墅。在位30年，弘治五年（公元1492年）正月十五卒，寿52岁，殁葬雅草坪。

第22世土司彭世麒，《土家族土司史录》载：“彭世麒，字天祥，显英子。弘治五年（公元1492年）袭职。七年以功进阶昭勇将军。”《彭翼南墓志铭》中载：彭世麒封“龙虎将军”。正德五年，世麒致仕。《土家族土司史录》载：“正德十年，致仕宣慰彭世麒献大楠三十，次者二百，亲督运至京，子明辅听进如之。赐敕褒谕，赏进奏人生少千贯。十三年（公元1518年），世麒献大楠木四百七十，子明辅亦进大木备营建。诏世麒湖广都指挥使，赏蟒衣三袭，仍致仕，明辅授正三品散官，赏飞鱼服三袭，赐敕奖励，仍令镇巡官劳之。”

第23世土司彭世麟（世麒胞弟）与兄世麒和睦相处，朝廷准许世麒逊位于世麟任职。《溪州土司全传》载：“彭世麟，字天瑞，号谦斋，又号麦坡。明正德二年（公元1507

年）彭世麒逊位于胞弟世麟。正德五年（公元1510年），朝廷诏彭世麟至宫阙，晋升昭武将军，赐夫人一品诰命。”

第24世土司彭宗舜。《土家族土司史录》载：“彭宗舜，号中轩，明辅次子，嘉靖六年袭职。随父明辅征广西思恩，又征南宁、浔州，以功赐‘昭勇将军’。”《彭氏族谱》载：彭宗舜“授怀远将军”。

第25世土司彭翼南。《土家族土司史录》载：“嘉靖三十三年（公元1554年）调永顺、保靖兵协剿倭寇于苏松。明年，永顺宣慰彭翼南统兵三千，致仕宣慰彭明辅统兵二千，在王江泾之战斩获倭寇一千九百余级”，获“东南战功第一”。《土家族土司史录》载：嘉靖四十二年以献大楠木功再论赏，加明辅指挥使，赐蟒衣，其子掌宣慰司事右参政彭翼南为布政使，赐飞鱼服，仍赐敕奖励。嘉靖四十四年（公元1565年），永顺复献大楠木，诏加明辅、翼南二品服。

第32世土司彭廷椿。《土家族土司史录》载：“康熙十九年（公元1680年），吴三桂踞荆湖，以兵临辰，受各土司印劄。廷椿父子拒吴，缴其劄三纸，印二颗，并献雷公咀铁户等处于清军。时吴三桂驻辰龙关。关外万峰插天，峭壁数重。谷径盘曲，仅通一骑，清军不能攻，密令永顺师进击。廷椿率苗、土劲兵三千自裹糇粮，驻扎王村，距吴上游，遣南渭州彭凌高率部间道协同清军，一从高岸入，一从郭家溪入，统出关后，攻克辰龙关。以功颂给康字号：永顺等处军民宣慰使司印一颗，授其子总兵衔。”

第33世土司彭泓海。《溪州土司全传》载：“泓海，廷椿之子。康熙十九年授总兵，进剿辰龙关有功，授‘怀远将军’。清颁康熙字号湖广永顺等处军民宣慰使司印一颗。生子五，长子肇槐。”

雍正二年（公元1724年），第34任土司彭肇槐带其子彭景燧、南渭州知州彭宗国及身边官员在距老司城顺灵溪河上35里的灵溪河边颗砂建新司城。而老司城仍是城内三千户，城外八百家，只是彭氏衙署内人户减少。居住在内罗城（贵族生活区）的彭肇槐母亲和兄弟们，吴来坪亲属仍居住原处。雍正六年（公元1728年）二月改土归流已成定局，彭肇槐识时务，三次（雍正六年二月、雍正六年十一月两次请旨；彭肇槐又请当时辰、沅、靖道王柔去京当雍正面奏："彭肇槐之意，甚属诚切。"）请旨改土归流。知母亲不愿回江西原籍插户，要留住在老司城守祖坟至百年归终。此事，彭肇槐知自己再奏雍正皇帝是不适合了，便请湖广总督迈柱帮忙。迈柱认为其肇槐母亲的要求也在情理之中，便拟奏章：其内容有：

> 今伊本身家口已回江西祖籍，而其母麦氏乃七旬老妇，仍愿在永顺守墓以享余年，亦情理之所宜，然查肇槐尚有分居亲弟肇楷、肇模、肇极等在永顺，可否准留一人奉母承祀先茔，并于所献庄田内暂拨十余石之田为之养赡，其余亲弟令肇槐接往江南依兄习学礼体，为将来报国之用以广。
>
> 皇上洪恩，但臣浅见，未知是否伏祈训示，以便遵行臣谨。
>
> 雍正柒年九月　拾柒　日　湖广总督迈柱”

附湖广总督迈柱替彭肇槐帮忙写的奏章全文：

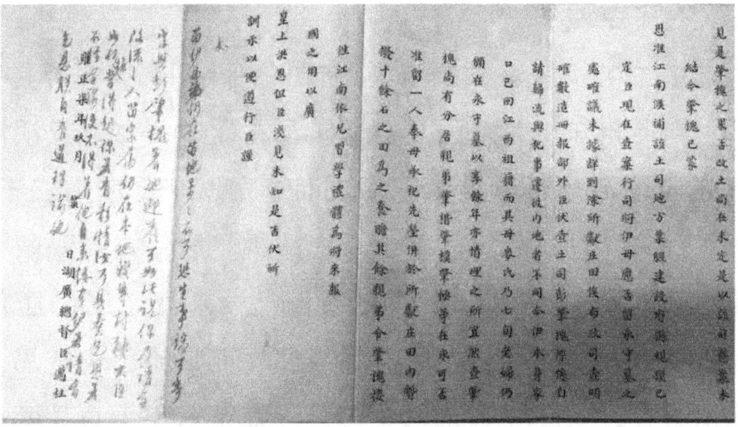

見是肇槐之累否改土尚在未定是以[illegible]
結合肇槐已[illegible]
恩准江南漢補該土司地方蓋[illegible]建設衙署[illegible]已
定且現在查彙行司將伊母應否留永守墓之
處難議未據詳到深所獻庄田俟有該司查明
確數造冊報部外臣伏查土司彭肇槐[illegible]自
請歸流與化事遷徙內地者不同今伊本身家
口已回江西祖籍而其母彭氏乃七旬老婦仍
願在永守墓以享餘年亦情理之所宜然查肇
槐尚有分居親弟肇[illegible]等在永可否
准留一人奉母承祀先塋併於所獻庄田內酌
撥十餘石之田爲之養贍其餘親弟令肇槐挈
往江南依兄習學禮儀爲將來報
國之用以廣
皇上洪恩似亦淺見未知是否伏祈
訓示以便遵行臣謹
奏
[illegible]
日湖廣總督臣邁柱

此资料台北故宫博物院藏

但雍正没有批准。彭肇槐只好将善后事属自己范围内的于雍正六年（公元 1728 年）之前处理完备。老司城内罗城以至吴来坪的建筑群，从雍正六年（公元 1728 年）至雍正十年（公元 1733 年）五年内拆完，永顺猛峒坪设府、建县完备。

城的废弃及善后处置

转述笔者祖母鲁隆英的传说：老司城宫殿区（钦命都督府）、衙署区（左新衙）雄伟的建筑群中，有从明洪武年间、清嘉庆年间和康熙年间朝廷拨资和赏赐的银两及周边大小土司捐赠银钱修建的。拆后珍贵的、有用的木料和南渭州准备建南渭新衙署的衙门坪木料一并运往永顺建府。

猛洞坪建府时，承头人请阴阳先生称地势（龙脉）重量，猛洞坪地势轻于老司城，按阴阳先生的吩咐，将老司城原钦命都督府泥土挖去十多担（挑）来填补猛洞坪地势不足。

老司城东门若云书院拆迁于永顺建崇文书院（今永顺一中

地址)；老司城城隍庙拆迁至永顺建城隍庙。仅留老司城关帝小学沿用至中华人民共和国成立前。贵族生活区、吴来坪建筑群彭肇槐在雍正七年（公元1729年）前售给当时老司城较富裕人家，待家眷迁出后再拆。正街后面至吴来坪含围墙内建筑群基地共108亩，彭肇槐以108两白银售给老司城核心区居民。双方写有契约，老司城居民的契约由东门魏姓中能人保存，此事老司城核心区各姓氏世代传承至今。

改土归流中老司城彭氏土司在湖广总督迈柱，辰、沅、靖道王柔的帮助下一帆风顺，但西南其他地区如湖北、贵州都是动用武力才得到执行，而彭肇槐三次主动请旨纳土，受到雍正皇帝赞赏，雍正皇帝授彭肇槐参将，赐以拖沙喇哈番之职，世袭罔替，后又授福建总兵，管理台湾，赏银一万两。雍正六年（公元1728年）彭肇槐带领颗砂新司城居住的家眷、亲属、景燧等百余人回江西吉水原籍插户。

老司城核心区原居民老前辈多数人往后传承，雍正七年（公元1729年）彭肇槐从江西来永顺老司城，接贵族生活区居住的母亲及兄弟肇楷、肇模、肇极的家眷、吴来坪居住的彭泓海、彭肇槐、彭景燧三代人家眷、亲属一千多人行至灵溪河边，等待在河边送行的居民及附近百姓数千人，彭肇槐见到这些百姓跌下马来，跪在路上，满面泪水，依依不舍地离开了祖辈经营千年的溪州领地。至此，土司治溪州长达818年，历经后梁、后唐、后晋、后汉、后周、宋、元、明、清九个朝代，彭氏退出了历史舞台。彭氏退出溪州之后却留下了一座沧桑沉雄的庞大城堡——老司城遗址。

五十八旗人尽散，野花开遍土王祠。清彭勇行题词：

峒民分隶长官衙，算到田王共六家。
五十八旗分辖处，而今唯见野藤花。

城址的守护和文化的延续

雍正之后，又经乾隆六十年、嘉庆二十五年、道光三十年、咸丰十一年、同治十三年、光绪三十四年、宣统三年、民国三十八年。在这 200 多年里，除开乾隆盛世 60 年外，其余百余年，在中国近代史上，朝廷腐败，宫廷内争权夺利，诸侯占据一方，内忧外患，百姓苦不堪言。

尽管风云变幻，官府无力，人民受苦难。老司城原居民周、魏、朱、向、陈、肖、付、彭、许、李、谢、喻、王、郑、秦等姓氏，数百人仍世代守护着遗址及各类文物。如彭氏宗祠由彭姓彭武益全家住祠守护（已迁居）；五谷庙由周儒进、周符氏夫妇（在 20 世纪 50 年代去世）守护。在县文物管理部门的关怀下，20 世纪 60 年代就在老司城配备文物协管员，笔者是第一任文物协管员；向莲英（笔者堂妹）是第二任文物协管员；向水明（原司城村党支部书记）是第三任（文物协管员）；向盛德（已故专守祖师殿）是第四任（文物协管员）。还有去世的先辈们为守护老司城文物做出的贡献，如已故的周大城、肖元福、郑世汉、喻明顺等前辈的守护精神至今为核心区民众铭记心中。因此，老司城在 20 世纪 60 年代初还保存有彭氏宗祠、玉皇殿、藏经阁、祖师殿、观音阁、关帝庙、文昌阁、五谷庙、吴著都督土地庙、杨土庙、人杰坊土地堂、地灵坊土地堂、显应坊土地堂、杩坊口巷土地堂和八街九巷二口街道。

笔者祖母鲁隆英在世时说：晚清至民国年间，老司城姓氏中魏、周、陈、朱、向、付等仍历代出文人、能人。晚清时，笔者曾祖向才友，学生出生，一生教书（私塾），以用《三字经》《百家姓》《千字文》《四书五经》等课本教学，在当地颇有名望；笔者曾伯祖向才选，从小爱习武，壮年时考录武举；曾叔祖向嘉会（与笔者曾祖同辈），学生出生，永顺府参议员。还有周姓的周儒珍，知名人士，学识渊博，老司城花灯戏传承人。晚清时，当地文人、能人承头，全城人民集资，修建祖师殿前三柱四棋四排三间木楼一栋，供打醮时信徒、信士、敬香人跪拜之用。又修缮玉皇殿左右围墙和祖师殿山门前敬香人行道路。同一时期，修建观音阁僧人住房三柱四棋四排三间木房一栋，斋膳房、厕所各一间。

民国早期，当地能人、文人牵头，全城人民集资，修建五谷庙守护人员住房三柱四棋四排三间木房一栋，厕所一间。同时，重建关帝庙前文昌阁（今保存的文昌阁），今文昌阁高大的柏木柱、搁梁、木枋等原材料，是笔者祖父向大荣修建时将祖业（今喻家堡“桐油枯”笔者老屋左边）六棵大柏木树无偿捐赠的。又修缮吴著都督土地庙一次。

从晚清至20世纪60年代初，老司城四大庙中还有僧尼10多人，香火依旧旺盛，钟声仍然缠绵，这些全靠核心区居民世代接力守护和传承，才收获得今日的世界文化遗产、国家级风景名胜区、中国传统村落、全国重点文物保护单位、国家考古遗址公园等至高殊誉。

1912年2月裁县留府，次年9月裁府改县，属辰沅道。民国十一年（公元1922年）道制废，永顺直属湖南省。

第二节　老司城今生

1949年10月1日，毛泽东主席在北京天安门城楼上，向全世界庄严宣告："中华人民共和国、中央人民政府，今天成立了！""中国人民从此站立起来了！"

"在人民解放战争和人民革命中牺牲的人民英雄们永垂不朽！"

1949年10月19日上午10时许，中国人民解放军第四十七军第一四一师解放永顺县城，设湖南永顺专署。10月22日，国民党暂编第二军副军长汪援华向人民解放军投诚，10月27日，永顺县人民政府成立。

1950年3月，中国共产党永顺县委员会成立。1950年4月，中共永顺地委、永顺专署从保靖迁来永顺，4月24日开始剿匪，直到1951年1月17日原国民党暂五师旅长曹子西、副旅长向登南、匪首李兰初、曹振亚、谭楚堂等陆续投诚、被击毙，或被人民政府依法镇压。

1951年2月15日，中国人民解放军第四十七军第一四一师奉命调离永顺，参加抗美援朝。当年4月1日，永顺专区革命烈士纪念碑于县城协操坪落成。中国人民解放军第四十七军第一四一师革命烈士永垂不朽！

1952年8月，湘西苗族自治区成立（1955年改自治州），永顺为其代管。1957年9月，湘西土家族苗族自治州成立，永顺为其所辖。

永顺专区革命烈士纪念碑

1952 年 3 月，全县设 11 区 181 乡镇时，老司城设第八区人民政府，辖 10 乡。

1956 年 6 月，撤区并乡，181 乡镇并为 37 乡 3 镇。老司城属麻岔乡辖区。笔者记得第八区撤除，原区公所彭氏宗祠又挂起古城区牌，两年后取掉。

1958 年 10 月，全县实行人民公社政社合一，设立 13 个公社，老司城属石堤公社。同时全县设 175 个生产大队，1192 个生产队。1958 年 10 月，笔者曾任大队会计。1961 年全县改划为 9 区 1 直属镇，46 个人民公社、542 个大队、3917 个生产队。笔者任老司城大队秘书兼会计，直到 1977 年 7 月离开老司城到石堤区工作。

1982 年老司城实施土地承包到户。1984 年 4 月 46 个人民公社改为乡，原大队改为行政村，原生产队改为小组。2005 年撤乡并村，老司城与附近上河、搏射、联合为司城村至今。

老司城，2015 年 7 月成为世界文化遗产地，暨湘西永顺旅游顶尖平台，保护利用老司城遗址成为世界旅游胜地是我们的责任。

老司城成功“申遗”之后，永顺县委及各级政府、管理处领导，更加重视关心老司城遗址的保护、利用与发展。从老司城遗址博物馆至老司城遗址送郡坪停车场，全程 5 公里。沿公路（炒砂路）两旁植树，现已成林，全程荫覆。沿途建 5 个花园。即紫荆、紫微、茶梅、海棠、玫瑰。从遗址停车场至景区游道植树，现在已成荫，四季春意盎然。游道两旁树下栽有四季红、一串红、菊花等花卉。

游客们乘坐环保车，经过八桶湖紫荆园、紫微园、茶梅园、海棠园，沿路成花海。可领略到车在路上跑，人在花丛游。也可步行赏花至老司城核心区，享受绿色林海、花香鸟语，令人赏心悦目。

而今，从送郡坪至杩坊口巷、会官坪、渔度街、正街、河街、南门巷、左街、半坡街、东门街（紫金街）、周家湾文化展示区等全程亮化，沿街巷两旁安装有步道灯、草坪灯、照树灯，步道灯内置有红、白、金黄色等 10 多种不同颜色的小灯泡。每当夜晚，灯泡发出五颜六色的光，流光溢彩，照亮每个小村落，照亮灵溪河两岸山域。

老司城不仅文化底蕴深厚，更有原生态绿色传奇。日间蓝天白云，夜晚繁星闪烁，正开启社会主义新时代、新作为、新篇章、新征程。

老司城遗址成功“申遗”后，司城村连获美誉殊荣。一些单位快速授名：国家民委授“中国少数民族特色村寨”，湖南省授“湖南省美丽乡村示范村”，中国生态文明协会授“全国生态文化村”，《湖南日报》（华声在线）在此举办“湖南省第四届网络文化节”，在“最美湖湘村”活动中，司城村被评为“湖南原生态古村落”。一些单位则定点挂牌：全国民族团结教育基地，全国民族团结进步创建示范点，湖南大学新闻传播与影视艺术学院社会实践基地，怀化学院湘西政治建设研究所研究基地，湘西土家族苗族自治州社会科学界联合会挂牌“社会科学普及基地”，上海电力学院外国语学院挂牌“外国语教学实践基地”，吉首大学在此设“土司历史文化研究基地”，中南民族大学民族学与社会学学院设“民族学专业教育科学研究实习基地”，湖南省委宣传部设“培养爱国之情，激发报国之志，湖南省爱国主义教育基地”，湖南省中医药文化宣传教育基地等。

总之，国内众多部门，均极力宣传老司城，研究老司城文化，弘扬中华民族精神，将老司城作为基点。

如今老司城村有 4 个村民组，17 个自然寨（小组），564 户，1784 人，其中劳动力 810 人。全村面积 42 平方公里，耕地面积 3130 亩，其中稻田 1341 亩，旱地 1789 亩。2011 年全村人均收入 2430 元，随后连年增长。村民经济收入主要来源于务工和农副产品交易所得。自 2015 年 7 月老司城遗址成功

“申遗”之后，老司城村民逐步在旅游、养殖、种植、服务业四大优势产业上做文章。

例如老司城组在核心遗址区的周家湾小组自发组织成立永顺县万马归朝土特产品销售有限公司，注册资金500万元，公司法人周大召及其公司董事长曹梦仙，带领公司48名员工齐心协力，将公司打理得红红火火……

公司位于核心区东门周家湾，距世界著名5A级风景区旅游胜地张家界70公里。公司现为百家创新创业劳动就业先进优资初创企业“常务理事单位”、“永顺县志愿者协会理事会成员单位”。

公司于2014年11月成立，2014—2019年公司销售产值分别达30万元、530万元、1200万元、2880万元、2880万元、3200万元。2020年将会迈向新的高度。公司将老司城周边及全县农副产品统一销售，产品多样，质量上乘，受到全国各地消费者的欢迎。该公司销售的产品有：老司城贡蜜、老司城茶油、老司城椪柑、老司城脐橙、老司城绿壳鸭蛋、老司城绿壳鸡蛋、老司城红心和绿心猕猴桃、老司城黄桃、老司城枇杷、老司城腊肉、老司城葛根粉、老司城黄牛肉、老司城山羊肉、老司城猪肉、老司城土家织锦等。

老司城遗址成功“申遗”以来，为村民提供了很多就业岗位。如从万马归朝景点沿旅游公路至老司城遗址核心区10公里，村民自发开设农家乐、商店、旅馆10多个；从骡子湾博物馆、停车场、八桶湖5个花园区至老司城核心区送郡坪停车场，沿路5公里植树栽花；在送郡坪停车场，灵溪河码头至祖师殿，沿游道植树栽花；文化展示区提供的岗位有河道管理工作、保安、保洁、船工、导游讲解员、民俗文艺表演等，每年可提供近200个岗位。常年栽树栽花和旅游服务的基础建设等每年可提供2000—5000个工时。全村目前养有运输骡马20多匹，以增加村民收入。

溪州铜柱刻有："当州大乡（指今永顺、龙山、古丈等地，大乡府在老司城）三亭（指今保靖）两县，苦无税课……"然而，今日的老司城仍无税课，却开始富裕起来。今日的村党支部和村民委员会在各级领导的支持下，带领村民不忘初心，牢记使命，奋进新时代，迈向新征程，为实现2020年小康美好生活和"两个一百年"奋斗目标及中华民族伟大复兴中国梦而努力奋斗！

第九章

老司城遗址核心区原居民与彭氏土司关系

第一节 秦 姓

老司城秦姓是湘西永顺（溪州）大姓之一，人口多且分布广。

老司城遗址核心区秦姓与前后历代土司关系略述如下：

唐末李柷年间，湖南楚王马殷通过长期征战拥有长、株、潭、衡等七州，并将势力向西扩展。时遇江西彭瑊、彭玕投靠马殷与之联姻。两彭随后带上人马以演戏为名进入溪州，费时3年多进入吴氏官寨。

彭瑊、彭士愁父子一进溪州就与弄塔秦姓交往。秦姓曾支持彭氏逐走吴著冲势力。彭氏第4世即彭士愁孙彭允林在宋开宝四年（公元971年）承袭溪州，后建“龙潭城”延续百余年，其间秦姓一直为彭氏捕鱼。至第11世溪州刺史彭福石冲于南宋绍兴五年（公元1135年）撤会溪坪治所及“龙潭城”时，彭福石冲在灵溪河西原桐油枯增建渔肚街（渔度街），供进城秦姓优先定居。

彭福石冲治所选中老司城并大规模重建，经元、明（老司城置“吴着大村”）至清雍正六年（公元1728年）改土归流止，彭氏全权统辖老司城，时间从后梁开平四年（公元910年）算起长达818年。在这818年间，秦姓为彭氏府衙捕鱼未曾间断，从灵溪河下游的哈尼宫至自生桥约60华里30千米水面，为秦姓捕鱼区。在历史的长河中，秦姓是老司城诸大姓与彭氏土司关系密切的大姓之一。

据老司城《秦氏族谱》载：秦姓原是从甘肃天水堂入迁湖南。彭氏第34任土司彭肇槐在改土归流时，为答谢秦姓特划拨土地。当时彭肇槐托人给秦姓三兄弟即秦韩清、秦韩章、秦韩先传信至彭府衙领照，府衙经办人介绍照有两种，一种是田土多叫“指山照”，另一种是田土少叫“遍山照”。秦姓清、章（老大、老二）齐说要“指山照”。彭府衙经办人按两兄弟意愿颁“指山照”，指定今龙山马蹄寨。秦韩清、秦韩章两兄弟从此迁至龙山马蹄寨定居了。

原先出门的秦氏第三子回家得知土司颁执信息，速至彭府衙，结果只领得“遍山照”，因世代居住老司城灵溪河边喜欢捉鱼，故领“遍山照”：上齐马蹄壳，下至九肇坡。上齐太平山顶，下齐灵溪河根。同时指定屋场：从老司城祖师殿下龙洞至对岸“水井外河坪”。

秦韩先领的“遍山照”面积很大，其中有田土山林青山绿水、森林茂密葱茏。上齐马蹄壳，即今老司城风雨桥起，下至九肇坡，即今朗溪河上边通往茶湖的山路，叫九肇坡山。上齐太平山顶、下齐灵溪河根（即河边），总面积约7平方公里。这个执照内容至今秦姓的老人仍记得很清楚。

秦姓祖先三弟秦韩先第一个屋场在龙洞对面的河坪，后因一次屋后垮山石才搬迁至槐划坪。韩先在槐划坪又生四子：即秦世相、秦世楚、秦世孝等，总之是家发人兴。

秦姓后来又迁至灵溪河两岸洞落。在20世纪70年代因火灾，洞落古村落20多户房屋全部化为灰烬。之后分别迁移至老司城雅颂溪、瓦场、周家、喻家、正街、左街等分散居住至今。

改土归流时秦姓立字派20字如下：

先仕志世良
啟兆嘉瑞运
源远流自长
承继永昌盛

老司城今有秦姓35户220人（根据老司城秦应德老师口述整理）。

第二节 陈姓（雅颂溪陈姓）

雅颂溪《陈氏族谱》载：“始祖陈必贵，原籍江西清河县。明嘉靖年间任清河南滇知县。奉朝廷命来永顺协同吴着大村土司采楠木，被永属州官彭宗显聘为‘幕僚’。之后被彭翼南封授为‘旗长’之职并世代承袭。”土知州彭宗显看陈必贵一表人才，将其安排在老司城落户于东门处，并指定在“雅草坪”中心地定居。“始祖陈必贵生子三，即陈文、陈章、陈启。陈章无嗣。”

一世：必贵公殁后葬太平坡那卡塔（官山，即当地官府墓葬地）。

二世：陈启，字仰吾，陈必贵三子，世袭旗长职，配妻罗氏生子一，名陈思礼。

三世：陈思礼，字立庭，承袭父职，配妻李氏，生子三：治安、治策、治体。殁后葬太平坡那卡塔。

四世：陈治安，字维，陈思礼长子，袭旗长职，配妻王氏，生子廷谟、廷训。陈治安殁后葬颗砂洞，王氏殁后葬祖师殿后山平朝湾。

五世：陈治策，字省三，思礼次子，世袭旗长职，配妻付氏，生子廷 X?，殁葬石堤九官坪陈家潭。

六世：陈治体，字布政，思礼三子，世袭旗长职，配妻王氏，生子廷咨、廷海。

七世：陈廷谟，字嘉猷，治安长子，世袭旗长职，配妻彭氏，生子三：于正、于清、于泰，殁葬槐划坪平朝湾下“太阳山”。

廷谟在清朝土司彭泓海、彭肇槐任内很有名望。彭泓海德政碑背面落款首领第二列中军官下旗长第四行有“旗长陈廷谟、向应魁、彭弘济”。陈氏世代受彭氏土司重用，显示彭氏土司延揽地方人才施政。

八世：陈于清，字如玉，廷谟次子，袭旗长职，配妻彭氏，生子舜祀。

陈氏首先定居东门外雅草坪建屋立基业，后得彭氏土司重用，加之历代勤奋好学耕耘不辍，至清雍正六年（公元1728年）改土归流时，陈姓发家到20多户百余人口，是老司城彭氏支柱大姓之一。

老司城衙署撤除后，彭氏回江西原籍。老司城在土司鼎盛期的城内3000户中概有姓氏80—100，人口密集。司城及周边山多田少耕种艰难，很多姓氏陆续迁出。例如陈姓廷谟、廷训两兄弟就迁至永顺车坪乔麦方青龙岭定居。陈治体率家迁石堤九官坪定居。陈治策率家迁永顺勺哈。

中华人民共和国成立初期，老司城东门外雅草坪尚有岩朝门，是陈姓开基大门。

今陈必贵一脉仍有4户12人住司城村雅颂溪小组。

第三节 魏 姓

《魏氏族谱》载：始祖魏良臣来自江西。当时他得知第25世土司彭翼南运送楠木且抗倭有功，就来老司城建造修缮寺庙。

明嘉靖四十年（公元1561年），彭翼南接纳江西魏氏客户，安排到东门定居并授良臣旗长职，管理若云书院东头（即东门外）魏、周、宋、陈诸家事务。《魏氏族谱》称："良臣公祖籍江西南昌府新建县槐花树，生于甲辰年（公元1544年）。时约18岁闻听吴着大村大修庙殿，遂徒步到老司城。先由永属州官（土知州）彭宗显聘为'幕僚'，后由彭翼南封为旗长世代承袭，供职土司府衙直到改土归流。"魏氏在土司府衙任职著名者概有：

魏先修，自幼聪明好学，长于诗赋著作，曾受任土司宣慰使彭宗喜（永属州官）府君恩加冠带赘政旗长职，管理若云书院以东旗内事务。康熙五十二年（公元1713年）立德政碑，背面显示魏先修撰文，魏国佐书碑，且有58旗380峒头人字样。

魏先治，字平之。自少聪明，雅好赋诗，因学识广受人尊敬。清顺治十七年（公元1660年）由（永属州官）彭宗康府君授君恩加冠带赘政旗长职。管理授旗事务。

魏先登，字进元，世袭加冠带赘政旗长职管理授旗事务。

魏国汉任加冠六曹掌案职，管理若云书院东旗事务。

魏尔承任加冠六曹掌案职，执政中军旗鼓“旗长职”。

魏尔庆，字子善，任加冠带礼案兼内中书旗长之职。至清雍正六年（公元1728年）改土归流时，魏先修为彭肇槐给老司城全城低价售卖土地撰写并保存契约：正街后身以上含吴来坪及紫金山墓地以外共108亩地，以108两白银售给老司城留住居民。

魏姓直到中华人民共和国成立初期还有10多户百余人，是老司城大姓之一。

明代魏姓还出现了著名孝子魏国梁。传说魏国梁家有六口人，但上无瓦片下无立足之地。父50岁生国梁，隔10年后又生三子，母亲且是青光瞎。全家六口人多靠国梁卖身度日，住两间茅草房用山竹编成，屋基地向魏姓族人借住。东门及吴着大村百姓都称魏家是“风扫地月点灯”一无所有。

魏国梁49岁时，父亲90多岁去世，他被迫卖身葬父。卖得十两纹银，五两葬父，五两养活母亲和兄弟们。葬父之时正是炎炎夏日，吴着大村百姓、官府都知道魏国梁家穷，葬礼日帮忙人都到自家吃饭，全城百姓都愿意帮忙，共集合了100多人的安葬队伍，葬地是魏姓人给的，在泰平山顶一个叫“龙波坪”的地方。抬丧人分三班，每班8人，共24人，拉纤绳需80多人，共计100多人。当天是卯时出柩，辰时出发。泰平山陡峭，荆棘丛生，100多人头顶烈日，汗流遍身，口渴无比，抬丧的人硬是无法前往，当时中午已过，到未时了，距葬地还有1里多路，按土家习俗，抬丧（棺材）要一气呵成到葬地，路途只能换班不能让棺木落地。魏国梁眼见大家辛苦，就叫抬丧人等就地歇息。国梁替大家找水源，见到路旁有一口已干涸的泉坑，双膝跪地痛哭起来，他哭的是如何孝顺公婆、孝顺父母，养活一家六口人的苦处，泪水像雨点般地流下，魏姓的其他孝子、孝女等几十口人全部围在枯井旁大哭起来，帮忙的100多人也随之伤心泪下……此时的泰平山、灵溪河都好像在哭。突然，哗啦一声，一股清泉水流出来了，安葬的人们停止了哭声，欢呼跳跃，争先恐后地去喝清泉水。

安葬的人们将棺木照常抬到葬地安葬了，然后安葬队伍100多人回到清泉边，泉水仍涓涓长流，从此，清泉长流至今。人们将该水井命名“孝感泉”，魏姓人在此水井边立下“孝感泉碑”。

第四节　周　姓

老司城周姓、李姓、郑姓、邓姓、向姓等历代老人传说：周姓祖先在明洪武年间之后，为历代土司王府的太医官和太医。直到现在周姓后裔仍有中草医周大城（已故），其子周宏文，子承父业，为现今有名的中草医生，是省级“非遗”传承人。因其父周大城有其独特的“摸小孩”医治技艺，现传给儿子。周大城在老司城、麻岔、石堤西等地颇有名气。

周姓中有位始祖周道凤先生，同土司的关系密切。

据传老司城自唐贞观年后，佛教、道教盛行，原始信仰同时存在。

一次彭氏土司后裔请张姓阴阳先生到府衙生活区看地（龙脉）。张先生说此处为过去宫殿遗址。好龙脉不能立祠堂，且说老司城500年要翻身……还说祠堂建在衙署区最高处台阶上最适合。

老司城灵溪两岸百姓得知消息都不乐意，遂向当时永顺崇文书院周道凤先生报告。恰巧衙置区第五台阶正对周先生老宅堂屋且正对正街付姓神龛。周道凤因而出面阻止，使彭氏后代搬移祠堂计划搁置。周道凤先生生于清乾隆四十八年（公元1783年）九月，6岁随父亲在长沙读书。嘉庆四年（公元1799年）17岁学成回到老司城，次年12月受聘永顺崇文书院任教至同治元年（公元1862年），执教62年。同治二年（公元1863年）回老司城养老。同治八年（公元1869年）去世，享年 87 岁。

周道风先生德高望重，历经多个朝代：乾隆朝十三年，嘉庆朝二十五年，道光朝三十年，咸丰朝十一年，同治朝八年。周先生一生执教为人耿直不讳，享有极高威望。彭氏土司几代后裔在永顺县衙府衙任职者，多为道风先生门人弟子。永顺府衙县衙官员要办重大案件都来跟周先生斟酌。周先生祖辈且在宋代以来多出任土司治下千总、把总、医官等职。这些背景致使先生能暂时阻滞彭氏宗祠迁移。

周先生去世次年即同治九年（公元 1870 年）闰十月，彭氏后裔才将宗祠迁至衙署区最高台重建。

民间传说彭氏宗祠迁移重建彭氏祠堂压坏了龙脉，乃至此后三天三夜老司城鸡不叫、狗不吠。本来改土归流时五进门第一台阶为土司迎宾馆，改土归流后优先售（分）给周道风先生。但迁移后的彭氏宗祠正对周先生老宅堂屋，导致周姓衰败。此后周家将宅屋迁到东门外周家湾，才见人丁再旺，迄今为老司城核心区大姓之一。

第五节　向　姓

（一）五代

《老司城向氏族谱》道光丁酉年蒲月（公元1837年农历五月）吏部拣选侯铨州县向绍湘撰写的《司城原序》其中一段序文："顾自秦汉以来，徒颓唐于荒榛蔓草；晋唐而后，空消磨于明月清风。纱帽锡帽，莫列朝班；石桥竹桥，空悬野渡。自非绝代之伟人，谁开一朝之风景。则有江西硕彦，南国英流。名题柱国，建奇策于朱梁；勳列铜标，立丰功于马楚。以宦为家，开飞凤蟠龙之土宇；阅人成世，绵噪鸦贺虎之宗支。驴迟总管，既振箕裘；腊惹官司，复兴堂构。毕万之后必大，有妫之占其昌。由斯以谭，信足征矣。"

老司城向姓与彭氏土司关系，始于后梁开平四年（公元910年）彭士愁任溪州刺史，治所在会溪坪后山九龙磴。民间广传向老官人为土司办事机智有辩才。传说彭士愁在九龙磴修建"金銮殿"。殿里修有九龙厅金碧辉煌，有九条金龙绕柱，气派堪比京城金銮殿。消息传到京城，皇帝派人勘察九龙磴。彭士愁委托向老官人出面以礼相待，向老官人在客厅会谈时高谈阔论折服京官，彭士愁从此更加重用向老官人。这位向老官人就是老司城向姓始祖向宗彦。

后晋天福四年（公元939年）彭士愁溪州之战败于马楚，曾派次子师杲联合向宗彦组成彭、向、田、朱、覃五姓18人议和团队，向楚王马希范议和结盟。向宗彦为彭师杲出谋划策保全大局。

天福五年正月十九日，溪州刺史彭士愁与马楚命官王姓归明。众具件状饮血求誓。楚王略其词镌于铜柱一隅。

右具状，溪州静边都自古以来代无违背。天福四年九月，蒙王廷发军收讨不顺之人。当都愿将本管诸困百姓军人及父祖本分田场土产归明王化，当州大乡三亭两县苦无税课。归顺之后请祇旧额供输……

王曰："尔能恭顺，我无科徭，本州赋租，自为供赡。本都兵士，亦不抽差。永无金革之虞，克保耕桑之业……"

此战彭士愁虽败，但保住了溪州刺史地位，当地人民得到好处。永顺溪州长治久安及彭氏 800 余年基业由此奠定。向宗彦战后协调田尔庚归顺彭士愁。此后向老官人、田好汉、彭士愁三人，成为湘西原居民先民当今土家族人的祖先神。三人同进地方神灵谱系。溪州铜柱第 39 行镌有"武安军节度衙前兵马使、前溪州左厢都押衙银青光禄大夫、检校太子宾客兼御史大夫、上柱国向宗彦"。(宋代略)

（二）明代

永顺县文物局鲁卫东老师撰写的《永顺土司金名录》载："按来状向氏号'清房'者，父祖乃侯姑祖之脉。侯祖源实'清房'姐祖之子，以姻缔亲续世好也。向姓聪慧知妇人法度。事侯甚得其礼，事侯母心色备至有男子之所难也，故侯亦甚重爱也……"

明代彭氏鼎盛时，向姓与彭氏土司关系密切。腊惹峒向氏在老司城东南60余里小龙村轰响摅一带把守重要门户。世守世袭峒民总管之职。腊惹峒向氏元属思州，以向孛烁为峒民总管。明洪武二年（公元1369年）改属永顺，升孛烁之子士贵为长官。士贵传顺世代承袭直到改土归流。再看驴迟向氏。驴迟洞元属思州，向达迪曾为峒民总管，达迪传尔莫踵。明洪武三年（公元1370年）尔英踵内附，改升长官世代承袭至改土归流。

（三）清代

第33任土司彭泓海德政碑可作为清代向姓发展案例：碑背面“仪型千载”下列溪州58旗的首领名：

碑文落款计26例375人。其中向姓就有87人。背面第一人为土司中军官向华。说明直到改土归流，向姓才停止为彭氏辅佐。

明清时代，彭氏给向姓划拨种菜地“菜园坪”。菜园坪地边又划有向姓墓地。老司城附近的白砂溪莲花山，送郡坪的莲花山、吊井的树木咱莲花山等，均为老司城向姓世代传承的祖坟墓地。

老司城向姓辅佐彭氏土司从五代后梁开平四年（公元910年）至清雍正六年（公元1728年），辅佐彭氏818年从始至终。

第六节　郑　姓

老司城核心区原居民有郑、李、周三姓。郑氏居住城西杩坊口。《郑氏族谱》载称："原居江西吉水县郑家湾，后迁四川垫江县。宋代随土司迁居老司城杩坊口四泽坊土地嗣下。"（四泽坊即河西坊）笔者由此推断：老司城郑氏宋末至明初随彭氏陆续迁来。《郑氏族谱》记有"始祖郑守贵妣涂氏，生子三，曰：坤、乾、能"。三兄弟迁入老司城杩坊口定居繁衍至今。

老司城东有"接官亭"，西有"会官坪""会官亭"和会官水井、渡口、码头。世泽坊（杩坊口）关卡是从西北方向进入老司城的必经之道，常年有人守卡。外面来人进入世泽坊，骑马者须下马，乘轿者须下轿步行至会官坪。土司府衙内来人询问检查了解来意，然后安排到会官亭休息，再按程序接至土司王府。

郑氏传承情况：始祖郑守贵来老司城时，伴有三姓：周、李、邓。四姓始祖结伴从千里外来到司城历经千难万险，因而约为四弟兄。他们到司城各治其家，商定四姓视同宗族，后人不能联姻（开亲），各家有事共同帮忙。当时，周姓定居司城东门外，李姓定居正街，邓姓定居雅颂溪，至今四姓人亲如兄弟，不曾联姻。

《郑氏族谱》中记有"荥阳堂"改土归流时立的派序：

永登应恩光
荣耀世泽长
大明洪楚进
德佩世善良

第七节 付 姓

《车坪付氏族谱》载：老司城含车坪付姓“祖籍江西火烛巷，江东门前下马源远流长”。世祖伯杰公，生于明万历三十四年丙午正月十三日子时。勤奋好学，绰有祖风，雄心从商贸，更展宏图。辞父母、别湘阴，入蛮城、贸溪州。后至福石城土司首府。公之学识才华深得土司器重，礼为上宾并将宗室之女妻之。荣为彭家快婿定居福石城，是为付姓籍入溪州最早者。土司户籍册从此有了付姓土家族。

世祖明世公（伯杰之子）移居车坪漩潭之滨，为土司管理“九曲河”，即司城河上游蜿蜒九曲直到车坪段。

伯杰之子迁至车坪之后家发人兴，世代多大户，文武人才并出。土司还授权付氏后人分管车坪军事事务，划拨灵溪河最大水潭给付姓分管捕鱼，至今称“付家潭”。其余上下水潭为土司自有。付姓人至今记得此事。

第十章

老司城原生态山水文化

老司城在永顺县城东南19公里泰平山下灵溪河畔。辖区42平方公里，内有源于武陵山脉中支黑山脉的“万马归朝”群山。《永顺县志》《永顺府志》均有如下记载：“福石山、禄德山、寿德山，统称三星山；有锡帽山土家语名墨利威山；太平山、将军山、石佛山、天马山、绣屏山、飞霞山、玉笋山、送塔茄山等。”

境内有灵溪河，源于永顺塔卧茅花界、蟠龙山两源洞水，流经塔卧、颗砂、自生桥至老司城、龙潭城再到列夕、两岔汇入猛峒河。灵溪全长220余公里。枯水季节流经老司城径流量仅0.90立方米/秒。流至朗溪河时有1.30立方米/秒。洪水期外，灵溪河水清澈见底，游鱼砂石历历可见。俗有“吃一口灵溪水百病消除，在灵溪河洗浴一次长寿百岁”之说。

灵溪河上至自生桥，下至哈尼宫为“天下第一漂”起止点，全长约60华里（30千米）。此段为灵溪河中游。灵溪河上还有入仙境（传说桥内有仙人聚会洞府）、看王城（土司王城）、赏古刹［后晋天福二年（公元937年）建造的祖师殿］、观奇景（龙潭城大洞湾千坵田）、漂陡滩（猛峒河第一漂起点）。

老司城神奇山水引来历代文人留下诸多抒情诗文，以下举例：

第一节 入仙境

明代土司衙署流官顾清泛舟至自生桥赋诗点赞：

银根一片落前洲，曾是仙人玉斧修。
绝岸巧道芳径去，细波长共远山浮。
苔文点缀凌峭壁，树影参差拂小舟。
闻道石栏容泼墨，凌风我欲试清游。

此诗叙述灵溪河水到自生桥如诗如画的景色。自生桥因而是今“天下第一漂”的首站。

从自生桥泛舟约20华里（10千米）至射圃，是土司时代刀枪库及武器制造厂及演兵场。射圃门前灵溪河长潭是土司时代的水兵训练处。长潭东西两岸石壁上有许多历代名人刻的铭文。

射圃下游两里有“神仙打眼”“碧花庄”。

神仙打眼处，是过去土司时代官道必经处。传说那时车水马龙，只因道路必经处行人四季都要踩水才能通过，遇洪水则须等待。故而引来“神仙打眼”（石壁打眼修桥）未成功，鲁班又架板板桥的故事，且留下三件遗物：一是石壁打有倒数、顺数数不清的几十个方孔；二是石壁刻诗一篇；三是碧花潭底遗有金船一只。传说后人若有才有德者路过，能数清方眼孔、又能一气呵成速读诗篇者，可获河潭底沉没的金船，但至今无人识破天机。

神仙打眼对面是土司时代的“御花园”，土司时代鲜花四季常开，是观赏花卉的理想之处。

第二节　看王城

这里分别讲王城的山水文化和核心区风水。

内罗城，即城墙以内和吴来坪即吴著冲的治所。内罗城、吴来坪分别建在凤凰山尾部和腰部左翅部位。

内罗城分三大块：中为宫殿区，左为衙署区，右为贵族生活区；吴来坪也分三大块，即腰、左翅、偏坡。以上六大块建筑面积108亩。核心区上下建筑物同向：均为坐东北朝西南，属艮山坤向。内罗城后山有福石山、禄德山、寿德山。清代文人统称三星山，寓意三星照耀。左有泰平山、将军山、插帽金山，寓意泰平将军保平安，插帽金花赐状元。右有玉笋参天山、墨利威山（土家语），构成玉笋墨利除凶煞的寓意。前有绣屏拱座山称屏风山六个小山峰，寓意屏风六峰叩金銮。

灵溪河水从内罗城的西北方向流向南方，曲统内罗城三面临水构成玉带，寓意水生财。按八卦风水学讲，西北“乾”位是通天门户，等于灵溪河水是上苍玉皇大帝灵霄宝殿发源流入老司城，曲绕内罗城向南流出。这玉带水属于天赐，等于彭氏土司历代居住在内罗城，彭氏三品官玉带是上天玉帝所赐，使彭氏在人间做了800多年王侯。

明代“洪武”开国后，“永乐”“嘉靖”等皇帝均坐北京故宫，故宫前“金水桥”水从故宫西北方向引入，过金水桥东流。民间传说老司城彭氏只三品官也称玉水玉带，乃明太祖“洪武”皇帝特许。

故老司城内罗城风水有别于民俗理想。土家民间建屋讲究左青龙、右白虎、前朱雀、后玄武，背风向阳乃上好屋场。寓意左有青龙到宫，右有百虎绕堂。但此格局却不适合彭氏宫殿区。

彭氏土司内罗城屋场全在凤凰山腰下和尾部，取雌雄交配生殖气象。凤凰头喙朝向东方太阳初升处。“金銮殿”取“丹凤朝阳”状，寓意彭氏历代世袭28代35王莫不上忠朝廷，下抚黎民。彭氏从溪州刺史到宣抚使司至宣慰使司，受朝廷封为将军者即有彭思万“武德将军”，彭世麒“昭勇将军”、彭宗舜“昭勇将军”，彭翼南功勋卓著，三次分别提升“右参政”“昭毅将军”及“云南右布政使”，更因抗倭“东南战功第一”而成民族英雄名垂青史。

笔者曾在老司城“申遗”前后讲解过内罗城的风水，能帮助老司城遗址“申遗”成功。2015年7月3日在德国波恩“申遗”会议上全票通过，游客对此每每开怀赞同。试看明代流官的内罗城山水赋诗：

明代周惠畴赋诗：

长松矫矫柏森森，交翠堂前画地荫。
一径莓苔青印履，四围风露冷沾襟。
摘花送酒春常在，对鹤哦诗署不侵。
乘兴登临吟眺处，数声啼鸟昼沉沉。

此诗赞颂土司内罗城后山三星山全境参天松柏乔木四时皆翠、荫覆土司王城，森林中的鸟儿鸣叫不已，声音悦耳动听，画面美不胜收。

明代唐伯虎（唐寅）游老司城赋诗称赞“雅草甘泉”：

天外浮云总渺茫，山间流水玉辉光。
千寻匹练悬崖落，一道银河到海长。
和月掬来还有影，带花汲去岂无香。
随流好入华阳洞，莫向天台问阮郎。

民间传说唐伯虎得土司衙署官员陪同，在老司城（吴着大村）游玩数日。游至祖师殿玉皇殿时，他兴致勃勃挥笔画出一幅“水漫金山”漫画。当地老人讲唐伯虎赞同白娘子与许仙婚配，痛恨法海暴行，因而有此漫画。唐伯虎借漫画歌颂老司城（吴着大村）的山水美景，在他看来老司城山水不下桂林，但他又不能僭越宋代文人“桂林山水甲天下”的名句，所以写下“天下名山无过此，世间好画也相宜”，寓意老司城山水堪匹桂林。内罗城向西南看右边有玉笋参天山。土司衙署流官张明诗云：

谁植莨竿在太空，巍然屹立倚崆峒。
铁椎倒棹撑银汉，冰柱移来插玉峰。
贞固肯教风雨坏，侵凌不许藓苔封。
圣朝久托为梁栋，万古擎天永赖功。

玉笋山前还有《永顺县志》所称锡帽山，土家语称墨利威山。山顶上是土司烽火台，山顶下有“穿洞”，山边杂树参天，更有金丝楠木葱茏茂盛。明代土司衙署流官许宽诗赞：

苍碧崖前展幕轻，初看隐约渐分明。
印覆不作朝云态，曛日微含暮霭情。
浓看薛罗青欲滴，浅笼峰嶂翠堪倾。
果然亦是山川气，难绘灵氛变化情。

站在内罗城朝西南看，在“万马归朝”的群山中最美、最灵秀的山是百姓讲的屏风山，文人称为“绣屏山”。其意是土家姑娘在未出闺阁前用五色花丝织出来的山。乾隆五十八年《永顺县志》载：“绣屏山”城东 30 里旧司治前六峰并峙拱抱。绣屏山还有 6 个小峰，构成 5 个倒眉形弯度，前面有相衬的 3 个支架山。故明代土司衙署流官周惠畴赋诗赞云：

堆青叠翠万千重，秀拔庐山五老峰。
海上屏开金翡翠，屋西帘卷玉芙蓉。
竹林月漾筛花影，松径苔深印鹤踪。
闻道山都风景异，何由缩地一相从。

还有明末文人总结老司城山水文化留下的十八景组诗。它用由近至远再由远而近的手笔显现画面，令读者称奇。

南乘天马过灵溪，偶遇渔翁撒网时。
银板仙人舟莫渡，石桥石鼓实难移。
参天玉笋堪图画，插帽金花自古遗。
感泉雅意温和酿，龙洞钟铃瀑布奇。
月夜朗溪窥白象，参天乔木隐青狮。
铜柱秋风希范迹，若云书院翼南题。
羊峰毓秀将军立，心印高悬绝妙祠。
万马归朝名胜美，群峰拥翠世间稀。
绣屏拱座年年在，福禄山前永坐基。

此诗一句讲老司城一个景点，状其绝美。

明代流官谭玉衡赞老司城东南远方永顺境内最高的羊峰山：

垒垒东来拥翠峦，峥嵘环绕似羊蟠。
左慈漫向人间化，苏武偏宜雪里看。
风动双尖凝触角，云归六合若为栏。
无端涉气钟帮彦，宝藏斯兴尽等闲。

《永顺县志》载：羊峰山古称三羊山，为施溶右臂。永顺宣慰使司于明洪武二年（公元1369年）置地羊峰山。

明代流官安佑游祖师殿下龙洞，赋诗赞云：

百尺潜蛟石眼深，雷霆满腹岂常音。
巨灵似有凌云气，雄抱宁无泽物心。
幻说共猜羊兔迹，活源谁识古今音。
何当载酒寻游遍，好把诗情仔细吟。

明代流官周惠畴夜月泛舟朗溪河，赋诗赞其夜景异常：

溪流十里碧溶溶，符自青青蓼自红。
花伴鸥眠沙渚上，云移山入酒杯中。
一声长笛风声浦，数着残棋月满空。
半点红尘下不到，赏心人在水晶宫。

清代彭施铎先生游老司城亦赋诗一首：

（清）彭勇行《咏老司城》

楠木叶香自动风，森森独秀五溪中。
北京营造太和殿，采伐栋梁立首功。

四塞关河落日昏，弹丸形胜至今存。
带围一水双龙会，剑插群峰万马奔。

清代还有一首竹枝好诗词颂山城景色：

小西门外碧波澄，点点渔火到天明。
春雨如油落不住，山光水色映山城。

第三节　观古刹

土司王城灵溪河下游4华里（2000米）处，东西两岸相对高山上，分别建有观音阁和千年古刹祖师殿。相传二庙都是彭士愁于后晋天福二年（公元937年）前后建造。在1949年前二庙香火旺盛。而观音阁于十年“文革”期间因无人管理漏雨倒塌。

古刹祖师殿则是后晋天福二年（公元937年）始建而明代重建。其建筑由34根金丝楠木柱组成：四边18根用一斗三升斗拱艺术构成歇山重檐。原刹第一台为山门；二台为三神殿；三台为四排三间楼房；四台即祖师殿；五台（石壁坎）为藏经阁；六台为玉皇殿。

六部建筑依山势逐渐升高，浑然一体，气势庞大。其中祖师正殿据民间传说是鲁班所建。民间传说祖师殿建在“罗汉山”，观音阁建在“美女山”，形成罗汉爱美女的故事。罗汉背靠太平坡，脚踩灵溪河，赤身朝美女，面容笑呵呵。爱得如痴如醉，连尿都流出来了还不知羞（祖师殿左侧有一古井，传说是罗汉尿）。

美女山坐在铜镜前，平视东北方向三星山梳妆打扮，雍容娴静，有闭月羞花沉鱼落雁之貌，令人流连忘返。

民国版《永顺县志·地理志》卷六引《唐志·杂记》：“祖师殿在旧司城。后晋天福二年建，正殿柱四大数围。上架木枋处无斧凿痕。相传为公输子显关所建。”

游人站在藏经阁二楼观看古刹前灵溪河对岸“美女山”暨“美女梳头”，一览无余，令人惊叹！但更神奇的还是身后的罗汉山。传说这位罗汉从西方灵山大雷音寺逃来灵溪河，因酷爱对岸美女，如痴似醉而变成罗汉山！罗汉、美女隔着灵溪河朝朝暮暮，地老天荒。

第四节　赏奇洞

从祖师殿去龙洞只有两华里（1000米），灵溪河坎上约50米处就是龙洞。洞内水流量约0.30/每秒，钟乳石玲珑瑰丽，洞外瀑布景观奇特。老司城十八景诗中的“龙洞钟灵瀑布奇”就是指的这里，明代流官安佑游此赋诗赞云：

百尺潜蛟石眼深，雷霆满腹岂常音。
巨灵似有凌云气，雄抱宁无泽物心。
幻说共猜羊兔迹，活源谁识古今音。
何当载酒寻游遍，好把诗情仔细吟。

从龙洞顺灵溪河下约七华里（3500米）就到了弄塔村。弄塔村下边有一座著名的大洞叫“千垃田洞”。洞内有水宽敞明亮。洞水分别流经手掌、脚板大的大小不等的自然田坎，呈现大小上千垃田，垃垃田水一样深，长年不干，特别神奇，故洞也就取名千垃田洞。吴著冲及祖辈常在此游玩。宋代彭允林建城后也将其作为官府休闲处，称其为“洞天福地”。

第五节　漂陡滩

从老司城龙洞再下去不远就是哈尼宫。社会学前辈费孝通教授游赏后题写：“天下第一漂”。全程有惊无险，是夏秋两季最理想的漂流之处。沿河两岸猴子成群，白鹤、鸳鸯、野鸭成对嬉戏，且不时成群飞过。两岸森林茂密四季常青，赢得国内外游人广泛赞誉。

第十一章
老司城非物质文化资源

第一节　道教文化

天旱求雨拜皇经、打醮谢天神

老司城自唐武则天（即天授二年公元691年）设立溪州衙署，就有佛教、道教、原始宗教发展并形成教会影响。其中以道教影响尤甚。

道教是中国现有五大宗教中唯一土生土长的宗教。它是古代萨满巫教神仙崇拜与老子道家哲学结合且参照佛教而形成的宗教。它正式诞生于东汉末年。先有单鼎派、符箓派，后来发展出全真、正一两大教派而与儒学、佛教并立，构成中国传统文化三大精神支柱。道教的基本教义是遵道神、修仙体、重生贵德、求福消灾，崇拜先天自然道法和三法真神，修炼方式则有外丹、内丹等。道士擅长符咒、斋醮、雷法等道术，召神祛鬼，祈福去祸。道教对中国南方各民族文化影响深刻。老司城自吴著冲的几代先祖统治溪州以来，因受佛、道两教影响，乃至王城和溪州境内修建庙观寺院颇多：如佛教观音阁、道教祖师殿、原始宗教溪州八部大王庙等。保靖水霸村、龙山汝汁河亦有八部大王庙。老司城及溪州人民至今记忆犹新。

（一）求雨拜皇经

“皇经”即《玉皇真经》。传说中国仅有三部半：江西龙虎山一部，四川峨眉山一部，司城玄武山一部，北京故宫半部。

游人穿过祖师殿沿偏坡石壁顺山向上登石阶二十几步，就到了玉皇殿（玉皇阁）前厅。玉皇殿供奉玉皇大帝，左右有观音、王母、天神、罗汉塑像，属北宋建筑，以一斗三升莲花拱构出檐，风格精巧独特。厅前藏经楼与玉皇殿楼台齐平，属明代建筑。

据《永顺县志》记载：明天启元年（公元1621年）三楼（藏经间）内存放东汉张道陵天师所授《玉皇真经》三卷。上钤张天师朱印及《玉皇真经》附卷，几百年来朱印鲜明如故。老司城民间传说，《玉皇真经》附卷计有10卷13本，且分行本坐本。行本可以外借，坐本只限老司城自用。金券用朱红色绸缎裹包收藏。楼内还存放令牌一块，朝剑一把，但房门常年深锁，平时常人不得开启。二楼存放一顶四方形小花轿，朱色涂染用于求雨时抬皇经。

当地每遇干旱年，各寨舍把和峒民总管就汇集到老司城，由土司总管牵头商议拜皇经求雨事宜，确定求雨吉时，再通知前来拜皇经求雨的男人斋戒三日虔诚沐浴，已婚者不能与妻同宿。还须自备香纸银两，汇聚祖师殿。司城男丁均可参加，较远地方则是峒民总管及舍把代表参加。主持人清点人数后，确定临时组织并推选头人安排分工作业：一是斋饭班；二是乐器班；三是20人一面彩旗的擎旗班；四是百人为一队的口号班；五是选出“开经人”。此人应学识渊博德高望重。策划事毕，全体先到玉皇阁、皇经楼、祖师殿敬香，再列队从祖师殿出发，队伍浩浩荡荡，人数最多可达3000。人人头戴用老司城路边细长灌木挽成的皇经圈，途经关帝庙、城隍庙、观音阁及八街、九巷、二口。求雨须三步一拜，九步三叩首。行礼时若遇上水坑、泥坑甚至牲畜粪便均不得迟疑，而须果断下拜以表诚心，同时跟随喊口号：一拜玉皇大天尊，玄穹高上帝；二拜大慈大悲，南海观世音菩萨；三拜西方极乐世界大雷音寺佛祖释迦牟尼等。这样游行礼拜三日。前两晚，四大庙和尚须敬香诵佛经，从天黑至天明。

第三日晚称“开经夜”。求拜人从玉皇殿至祖师大殿、前厅小殿一直排列至祖师殿前大路。舍把、头人、总管在玉皇殿内，各人将禾草扎成的草墩整齐排列。“开经人”手持钥匙开藏经门，双手取出“皇经”放置在拍案桌上。“开经人”身穿道衣，头戴道帽，脚穿道鞋，口诵皇经。信徒、信士拜地恭听至夜半子时。开经人右手持黄杨木令牌在开经案桌上“叭叭叭”三拍。此时天空从满天星斗急剧变为乌云密布。开经人再左手持象牙朝剑向天挥刺三下，天空便雷电交加，不时会有大雨倾盆。彭士愁修建祖师殿、观音阁至明代鼎盛时期，溪州风调雨顺，土民安居乐业均靠此方术信仰。

开经人一定要德高望重。晚清老司城人、永顺参议员（国会议员）向嘉会每遇家乡打皇醮，都须回到老司城做开经人。民国末年开经人传承至老司城朱蜚生先生，他是笔者 1949 年前读书时教过我两年的老师。

老司城民间小调和文人撰写的“五修、五说”流传至今。

（二）打醮谢天神

五谷丰登之年，溪州百姓要为上苍天神举办打“皇醮”以示谢意。打醮一般 2—3 年举行一次，仪式分三部分：

第一部分：组织化缘建立机构

1. 化缘。先由土司派总管把所属三州六峒及周边村寨户数人家登记造册，再按册化缘，贫民少出，大富多纳。化缘银两入账册，由各寨峒总管将银两及账册交与土司总管，进而确定打皇醮时间。一般以 7—9 日为限，化缘期则在此前 1—3 个月。

2. 延请张道陵后代作张道师，邀集周边道教徒 30 人作皇醮。

3. 道师道徒请溪州大户列席赈济，按人数资金数供给食宿。

4. 成立打“皇醮”机构，包括管场官、拜香官、乐器队指挥官、助唱官（协助道师唱经）、内堂供斋官、内外后勤官。

5. 确定具体起止时间后，通知各寨峒总管，请百姓聚集祖师殿。男人自备斋饮香纸，前三日斋戒，禁同房，诚心表示感谢上苍。

第二部分：到祖师殿拜“皇经”

打皇醮日前，司城内商铺热闹，客栈满员。祖师殿内无法容纳，信徒须到观音阁、关帝宫、城隍庙敬香、食宿。

吉日良辰拜经开始，张道师率众道师到殿前就位拜唱。拜唱声在鼓、锣、钹、木鱼、唢呐、牛角号等乐器声营造的氛围中尽显崇敬、喜悦、神圣。众信徒各人一草墩，按张道师跪拜节奏跪拜皇经 1—3 卷，从头至尾拜唱，再唱 10 卷附卷。这样持续八天八夜，庙殿内彩灯、香火通夜辉煌。

第三部分：赈济大会

在第九天晚上，用长木扎成“赈济台”设在老司城西门沙洲。上悬 12 个大红灯笼，台上摆放赈济案桌，用于张道师们摆放“皇经”。台下有奏乐队、燃放鞭炮队、烧香纸供品斋粑贡果队，还有对岸会官坪后山烟花堡烟火队、河边河灯队等。诸事俱备，张道师念唱“皇经”。各队伍有条不紊地配合直至半夜。子时来临，锣鼓喧天烟花齐放，抛撒斋粑供果给人群。大富人家抛撒银两铜钱。河灯队从西门桥滩顺水放出。两三千只莲花灯顿时把灵溪河面照得晶亮如星斗满天。河灯缓缓流向司城南门去驱赶超渡邪神野鬼，让它们不妨碍人间正道，祈求来年风调雨顺，六畜兴旺，五谷丰登。

赈济大会结束，老司城及周边地区青年男女欢聚摆手堂载歌载舞。舞队 80—100 人，在沙洲上围成贺圈跳起摆手舞。面对这 2—3 年一次的盛会。土家青年男女在一片喜气洋洋的氛围中跳至天明，打“皇醮”盛会才降下帷幕！

老司城这种天旱求雨打“皇醮”的文化习俗，当时在湘、鄂、川、黔地区都很盛行。南楚国接壤地区纷纷来租借老司城“皇经”，且延请“开经人”前往求雨打醮。这一习俗一直沿袭到民国末年终止。神秘的老司城“皇经”也是当时瑰宝。

但祖师殿收藏的令牌后来发生变故。传说清代一名县官游玩老司城后将其盗至王村下游罗依溪。该县官不信天神，渡溪时往船舷上拍了三拍，当即狂风暴雨，酉水河水暴涨急流，导致船翻人亡，令牌落入河中。此处因而叫“落印溪”，后更名罗依溪至今。

朝剑在民国年间被一道人取走下落不明。“皇经”13 卷在 1952 年，老司城第八区政府武装部宋部长为破除迷信，拿出让众人观奇时丢失。花轿和包经书的红绸布及其他文物也陆续毁坏无存。

第二节　老司城舞蹈、音乐、戏剧、曲艺、工艺

老司城打铁铺

老司城铁匠铺

土家族木雕艺人在雕刻

土家族竹编产品

土家族老艺人在打草鞋

土家族织锦师傅带徒传艺

西兰卡普

土家族姑娘在挑花

土家族吊脚楼、印花布

（一）舞蹈

老司城舞蹈包括“茅古斯舞”和“摆手舞”，均源于生活，包括劳动生产和祭祀祖先。土家族“摆手舞”每逢重大节日和每年正月初一至正月十五前举行。“摆手舞”场所在土司时代号称“三十至五十里一堂，八十至一百里一峒”。所谓“三十至五十里一堂”指的就是摆手堂，土家族聚居区的大寨多有。跳“摆手舞”时还唱欢快的“摆手歌”并配有锣鼓音乐，曲调优美悦耳。“峒”则是盛况空前的广场舞。

“福石城中锦作窝，土王宫畔水生波，红灯万盏人千叠，一片缠绵摆手歌。”这是当时跳“摆手舞”时的最佳写照。灵溪河还有“滩悬石鼓”，也叫石鼓声声。司城南门对面的灵溪河边，有巨石如大鼓，巨浪撞击，发出咚咚之声如击鼓，半里外可闻。这鼓声正和土王宫里的“摆手歌”鼓点互相应和。清代邑人彭施铎先生诗云：

山叠绣屏屏尾拖，滩悬石鼓歌音和。

土王宫里人如海，宛转缠绵摆手歌。

正是形容土司时代土司王娱乐宫内跳“摆手舞”和土家声乐及音乐曲调相融合活动时的盛况。

（二）音乐

老司城作为土司王朝800余年都城，也有丰富多彩的音乐。音乐分声乐、器乐。土家歌谣中有“摆手歌”“哭嫁歌”“梯玛神歌”以及其他民歌小调。土家乐器有：管乐、弦乐、打击乐三种。打击乐中的打击钹最常见，土家语叫“家火哈”，这是土家族婚娶、建造房屋等喜庆日必用的敲打乐器。这种“打击钹”流传至今仍然常用。

打击钹的全套乐器包括小马锣，又称钩锣、大锣、鼓、头钹、二钹5种。演奏时艺人各操一件。5种乐器中“二钹”最难操作。艺人有“会玩龙灯玩脑壳，会打家火打二钹”之言。击打二钹要求眼光灵活，动作机敏。眼观其鼓引锣引，耳听其头钹和其他乐器声音，相互照应，紧密配合。婚娶之庆时则要加唢呐或笛，共计6—7种乐器。这样轻吹细打音调更为优美热烈。

打击钹表现内容丰富。老司城民间老艺人回忆可打出300余套曲目。至今还保存有几十套。如小纺车、大纺车、鸡生蛋、马过桥、鲤鱼漂滩、阳雀团米、老牛推车、八哥洗澡等。婚嫁时，男方到女方家娶亲专用6种乐器组成，打出“安庆”加“闹台”。它由打鼓者起引，经“四门进、江湖闹、安庆，即以唢呐相邀，进入十一棰、红绣鞋、望家乡、鸳鸯锦、凤闹大”共8种优美曲调结束。“安庆”加“闹台”要吹打1个多小时。打击钹从土司时代流传至民国年间，老司城打击钹民间艺人也因此名扬永顺县境。

“咚咚喹”是土家族青年男女在山上守牛砍柴时吹的乐器。它用山上的毛竹竿做成，毛笔竿上开四个小孔，吹奏时声音悠扬悦耳。还有牛角土号竹笛竹箫，都能吹奏出不同曲调。

（三）戏剧

老司城历代民间流传有“玩干龙船、龙灯、木偶、花灯戏”等。到明代土司王朝鼎盛时期，又从汉区引进狮子灯、采莲船、蚌壳灯、阳戏、汉剧等戏剧。老司城最具民间特色和最热闹的场面，是从正月初一至元宵节夜晚止，玩龙灯和唱灯戏，是同一时间起演，同一时间落幕。

龙灯以龙宝为引，由龙头、龙身、龙尾组成。龙身分9节、11节，最多13节。龙皮是用两匹麻布从龙头至龙尾，两边各一匹（皮）相连接，并彩画成鱼鳞壳，从龙宝、龙头、龙身至龙尾止，每节内点上油连灯变成一条活龙灯。每支龙灯队伍，有3—5人打击钹，1人供油连灯，1人放鞭炮。每支龙灯需15人组队。

土司时代老司城热闹非凡，东从石堤九官坪、喜坝湖、土地堡、狮子桥、羊峰，南从西米、高坪、松柏、小龙村、科洞，西从列夕、羊毛村、抚志，北从永顺、吊井、颗砂、张家寨、连洞、富坪等四面八方组成龙灯队伍拥入老司城，当时八街九巷二口人山人海，每支龙灯都要进四大庙和“太庙”，绕王城玩龙灯。那时，老司城艺人扎龙灯最好看，但只有河东河西2支龙灯队，加上外地共计15—20支龙灯队，每年初一晚开灯，十五晚收（烧）灯。烧灯地点在西门或南门河边沙洲上。老司城会官坪后山有五六十平方米的小山堡，叫烟花墩，专门用来燃放烟花。烟花墩同土司王城是同一高度，燃放烟花之夜老司城山城万紫千红。

老司城花灯剧最具民族特色。其剧中人物有生、旦、净、丑等角。唱腔有：哀子、倒板、高、低、平腔，快、慢等节奏，与土家族乐器音调相配合，一出灯戏剧中的各类人物，各自表现出人间的喜、怒、哀、乐。花灯戏的唱腔富有民间小调和民歌的风味，又表现出民间舞蹈的韵味，角色易选，深受土家族人民的欢迎。土司时代几乎每个土家聚集大寨或每峒均有一班灯戏班子。

每年初一至十五晚，花灯以公演为主。逢重大节日喜庆，也会应邀上门演出，增添喜庆热闹气氛。当时主要剧目有《山伯访友》《四郎探母》《槐荫会》《三娘教子》《磨坊会》《大团圆》《罗惠英》等几十个剧目，土司花灯戏一直保持到中华人民共和国成立初期。

（四）老司城曲艺

老司城民间曲艺很多，有“九子鞭、莲花闹、土地神、渔鼓、三棒鼓、采莲船”等十多种，这些曲艺，分别唱出山川景物，土家族青年男女爱情，歌唱社会进步，人们的悲欢离合等，这些曲艺反映了土家人民的聪明智慧和爱憎，有的一直延续流传至今。

老司城民间流唱的曲艺小调，包括历代文人撰写的五修、五说颂词和五唱小调。这些颂词和民间流唱的小调曲艺，都表现了较高的民间技艺，真实地道出了土司王朝历代土司在老司城创建的人文景观和老司城美丽的自然景观。

（五）民间工艺

土家族人民用自己的聪明才智，在生产生活中，一代又一代创造了独特的民间工艺，丰富了生活，发展了地方经济。老司城是历代土司王统治溪州的都城，比溪州其他地区引进汉族地区的先进技艺要早，把汉族聚居区的先进技艺同土家族的地方技艺融为一体，形成独特的土家族民族工艺，具有特色的有土家织锦、挑花、刺绣、雕刻、编织、造纸、纺纱等。

土家织锦又叫“西兰卡普”，她是土家族姑娘、妇女在古老的木机上，用手工挑花编织而成的。从手打手挑到半机械化，脚踩手织，编织成大被面、小被面、盖裙、围巾、头帕、褡裢带、桌被、脚被等，并挑出梅花、藕莲花、牡丹花、芍药花、飞鸟、兽类等百余种之多。永顺从土司时代至民国初乃至今天，土家织锦尤为著名，古时被选为贡品，如今其产品销往国内外。

老司城土家族姑娘编织的家机布、丝布与当时从汉族地区引进的白布、丝布质量相差不大，挑花、绣花技术首屈一指。后来又发展到染色，染成五色彩色布，以后又加工成著名的印花布。这种编织和印染技术一直延续至民国年间。

老司城还有著名的造纸、磨香饼和赶香工艺。土司时代信仰佛教、道教，庙宇多则纸香盛行。上自自生桥，下至哈尼宫，沿灵溪河两岸，造纸棚数十个，沿司城小河有棚纸棚和磨香饼房各十多座。民国年间，永顺县造纸以老司城和县镇七厝夫纸质最好。

雕刻。土司时代，老司城的雕刻工艺也是有名的。土司王朝历代土司修王城、建庙宇，富豪人家修吊脚楼、转角楼等，其雕刻艺术堪称一流。分别有木雕、根雕、泥雕、竹雕、石雕、浮雕等类。木雕以雕神像为主；石雕以雕石碑、墓志铭、石阶梯、花草、飞鸟、兽类等；浮雕以土司时代“青岗包”专窑烧制各类精致花砖。花砖用来装饰城墙、墓室、照壁、内屏风等。老司城雕刻技术的发展也要比溪州其他地方早。土司王城建筑群和富裕人家室内外装饰及用具石雕、木雕种类有：龙凤呈祥、鲤鱼跳龙门、凤穿牡丹、蝴蝶恋花、犀牛望月、喜鹊闹梅、嫦娥奔月、五子登科、双狮抢绣球、麒麟吐书、祥云图案等百余种。

唐、宋、元以来，特别是明清时代，溪州木石各类雕刻艺人辈出。至今永顺境内有塔卧石雕、羊峰木雕，名扬国内及东南亚各国。羊峰东门村塔可坪组村民陶代荣是木雕艺术传承人。他“十年动乱”时期放弃雕刻，改革开放后重新操刀。他家木雕清代曾受朝廷钦封赏赐。今陶代荣年过古稀仍在雕刻。永顺境内雕刻有“三滴水牙床”，床上刻有各类花草、兽类、人物等图案，工艺精细，造型美观。据有关专家评定，该一架牙床价值达 10 万元—15 万元。

竹编。因土家人生活在山川之中，生活中需要用到竹编用品。长期以来，除自编自用还可上市销售。老司城曾有这样的讲究：向姓姑娘的织锦刺绣，李姓男人的编织篾货，闻名于溪州内外。灵溪河两岸生长着桂竹、水竹、山竹、辽竹等，有丰富的竹源，除当时每年竹笋泡麻造纸外，还可以大量地用于编织。如背笼、睡簟、晒簟、筛箩、簸箕、花篮等，除自用外还可到溪州各地市场销售。

特别值得一提的是土家族营造吊脚楼的工艺最为精细。

第三节　民间古建筑赞颂诗词

（一）五修五说词

1. 五修词

一修土王美金銮，四围高墙，照壁高二丈，江山八百年。
二修关帝宫，整鼓铜钟，关帝老来称英雄，大刀摆当中。
三修祖师庙，鲁班来所造，千年未偏倒，万古把名飘。
四修皇经台，实在修得乖，天干年成把经拜，大家齐斋戒。
五修观音阁，美女梳头朝北坐，灵溪河对岸，罗汉笑呵呵。

2. 五说词

一说彭氏王宫院，大门五进至金銮，
前有绣屏拱座，后有福禄寿三山，
彭土司君屋场，世袭八百年。
二说关帝宫，九火炼成金铜钟，
武夫子圣贤容，有大刀名青龙，
设小学教萌童，准备状元公。
三说祖师庙，鲁班来所造，
横梁千柱千擢倒，千百年来完好，
鲁班技艺高，仙机真奇巧。
四说玉皇楼厅，供奉皇经，
峨眉山天久晴，众人开经来拜神，
打雨醮，五谷登，万民俱沾恩。

五说观音阁，北向南坐，后有少女梳脑壳，
门前两株大梭罗，南海山普陀，也难比得过。

（二）十八景诗

南乘天马过灵溪，偶遇渔翁撒网时。
银板仙人舟莫渡，石桥石鼓实难移。
参天玉笋堪图画，插帽金花自古遗。
感泉雅意温和酿，龙洞钟铃瀑布奇。
月夜朗溪窥白象，参天乔木隐青狮。
铜柱秋风希范迹，若云书院翼南题。
羊峰毓秀将军立，心印高悬绝妙祠。
万马归朝名胜美，群峰拥翠世间稀。
绣屏拱座年年在，福禄山前永坐基。

（三）《老司城·向氏族谱》续谱诗①

祥麟瑞凤不寻常，向秀敏中祖辈强。
岁月三千标史册，子孙万代续炎黄。
弥兵卫国昭仁义，平乱八蛮定楚疆。
淮泗江湘延四海，修齐治世振家邦。
八哥九子姓名扬，俊杰清流代有强。
神话契贤传简狄，史源鼻祖仰商汤。

① 作者向云俊，北京大学建筑系毕业，高级工程师。曾任湘西土家族苗族自治州政协副主席。1984年曾加入“少数民族观礼团”赴京登天安门观看国庆35周年庆典。此诗为作者2001年83岁高龄题。

挥师淞沪驱倭寇，议政天坛着宪章。
帝胄于今超百万，工农科技创辉煌。

（四）老司城怀古诗[①]

猛峒春潮，排空汹浪，奔腾南泻。寻边安故都土王住处。宫帷亭榭玲珑玉阶，纵横街巷雄伟城关，山高帝远称霸业。诗有颂，挂红灯万盏，摆手舞叠。福石锦窝鼎惬，彭氏旌旗八百飘猎。看士愁先祖，霍刀敌克，酉水鏖战铜柱盟约，抗倭翼南东浙披靡，土家儿郎敢喋血。陵冢前，追王朝枯荣，秦时明月。

（五）民间流传小调

一唱土司坐司城，一统乾坤，修宫殿，立午门，凉洞热洞砖砌成，咿儿哟咿儿，哟，赛过西京城，哟，嗬也，嗬也！

二唱悠悠灵溪河，皇宫绕过，如玉带，泛碧波，大河小河两汇合，咿儿哟咿儿，哟，一派好山河，嗬也，嗬也！

三唱文昌关帝宫，整鼓铜钟，和尚们，早敲钟，余音袅袅半夜中，咿儿哟咿儿，哟，土司世昌隆，嗬也，嗬也！

四唱披发祖师庙，鲁班所造，楠木柱，马桑树，横梁千柱千搭倒，咿儿哟咿儿，哟，仙机真奇妙，哟，嗬也，嗬也！

五唱雄伟观音阁，朝北南坐，灵溪河，右边过，前有梭罗树两棵，咿儿哟咿儿，哟，南海配普陀，嗬也，嗬也！

① 此诗作者系永顺抚志出租汽车司机黄修兴2009年11月12日作于老司城。

第四节 民间传统歌曲与现代歌曲

民间流传小调

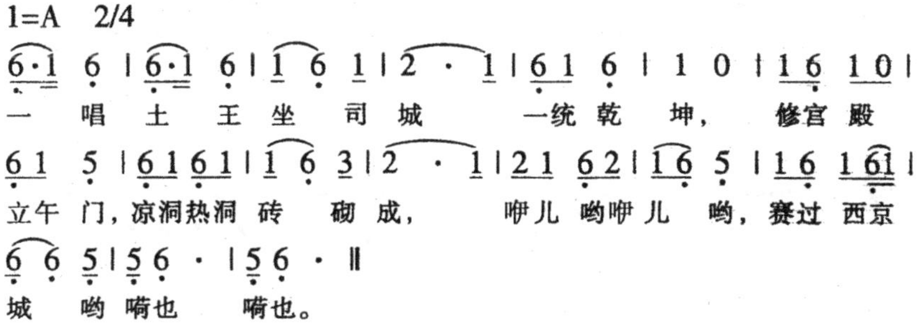

老司城我的家

作词：向盛福
作曲：向　恬

美丽的灵溪河

作词：向盛福
作曲：向 恬

热烈地

美 丽 的 灵 溪 河，
碧 波 长 共 山 峰 过， 迷
人 的 风 光， 缠 着 了 我，
做 梦 都 在 乘 小 舟 游 哟！
啊！ 哟！ 灵 溪 河
我 要 为 你 唱 新 歌！
1.
美 丽 的 灵 溪 河！
2.
河 美 丽 的 灵 溪
河！ 灵 溪 河！

第五节 明代土司修建衙门名“世忠堂”

请朝廷重臣刘健撰文

世忠堂碑铭文

彭之得生，实出籛铿。
自唐而殷，封于大彭。
荫及子孙，不可胜数。
族望宗焉，号之曰祖。
周有伯窋，自窜于兹。
党内日兴，遂长其帅。
秦汉而下，屡至显官。
事得其职，民以宁安。
唐之季世，乱起民忧。

有讳瑊者，刺史辰州。
族人戴之，愿立其子。
事闻于朝，朝议顺旨。
自是子孙，官守其地。
丹忱相照，世美相济。
由宋而元，不去其任。
宣抚或加，恩亦随荫。
大明当天，四海就平。
天宝贡賨，稽首天庭。
帝心加之，授之原职。
旋加宣慰，用柔远域。
天宝拜恩，矢心自盟。
惟忠与义，誓竭丹忱。
迄今世麟，闻命秉钺。
更历七世，忠党罔替。
昭勇昭毅，累赐褒扬。
宠章命服，边境之光。
彭氏所居，有堂翼然。
表以式世，允示家传。
凡厥子孙，于焉视事。
朝夕恪恭，靡敢或贰。
上酬君恩，下光烈祖。
慎终若始，永保臣节。

本文摘自《永顺土司金石录》，原文出自同治《永顺县志》卷六“艺文志”。铭文显示，明代永顺土司衙门名为“世忠堂”，是宣慰使彭世麒修建命名。铭文原刻石碑上，是为庆祝宣慰使衙门竣工落成，特请当朝重臣刘健撰文。

刘健（1433—1526），字希贤，河南洛阳人。明朝中期内阁大学士，内阁首辅。英宗天顺四年（公元1460年）考中进士，任庶吉士，被授为翰林编修。先后为官英宗、宪宗、孝宗、武宗，为四朝元老，忠于职守。嘉靖五年（公元1526年）去世，时年94岁。《明史》评：“其世业光明俊伟，明世辅臣鲜有比者。”

第六节　佛教文化

（依两例民间故事鉴证）

一、左和尚救善惩恶

传说老司城观音阁庙有位左和尚（其实是位尼姑）。她7岁时由父母送到庙里修行，为人正直，性格温和，好学深思，很快精通佛经学理，深得师兄弟爱戴及方丈器重。她16岁时方丈圆寂，把观音阁事务交付于她。她年纪轻轻就遵照方丈教导，依靠10多位师兄弟帮助和观音菩萨指引，把庙里的事情管理得井井有条。她当主持第一天就把观音菩萨的身世写在卧室门口的拱眼壁上时时自警。

观音菩萨前世既已成佛，号正法明如来，又经阿弥陀佛授记为未来佛，即极乐世界普光山德王佛。观音菩萨发下慈悲大愿，观察世上众生称念其名号呼救之音，用各种应身说法普度众生救苦救难。西晋以来的中国因而兴起“家家念弥陀，人人诵观音”的风尚。相传观音菩萨是在二月十九日出生，九月十九日出家，六月十九日成佛。在中国佛教四大名山中，浙江普陀山为观音菩萨说法道场。左和尚还将观音菩萨三十三应变身符逐条逐句书写，随时提醒照办。当时溪州境内有位贫寒人姓田名善，与瘫痪母亲相依为命，靠做工维持生活，一年到头衣不暖食不饱。田善遂与母亲商量，要找一大户人家当长工连做三年，指望收入多些。母亲勉强同意。田善经察访找到一家大户汪旺娇，家有银两万贯良田千顷，但急需长工。田善因而与之协议：一是自身给汪府做工三年；二是汪府给田善一年一头牛三年三头牛；三是田善若能在一百天帮汪府增添百万家财，即可当即结清三年工钱回家，不受三年之限。契约订立后，田善请汪旺娇签章或印指摸。汪说："我家财万贯，怕亏了你三头牛吗？"田善心想说得也是。就是30头牛在汪府又算什么。他当晚夜不能寐，绞尽脑汁设法百日内给汪府增加百万家财，早日回家跟母亲团圆。但想来想去也想不出门路，最后决心摆正心思好好拼命干！好心会得好报。一个月过去，田善做工一天当别人三天，别人一次挑五六十斤，他一次多挑百斤。汪财主心想：一个人能当三个人做！这是要发财。

一个月后又到插秧季节，田善心想：汪家有田千顷，我一人拼命也无法做好。他想出一个办法，着重做好一亩田，将这一亩田早插、早施肥、多施肥、早薅草、早治病虫，使这亩田相当于几亩或几十亩田的收入。这样汪财主一定喜欢。他拿定主意，就将这一亩秧苗插下田间。果真灵验：20多天嫩绿秧苗就高达三尺，不到一个月怀苞抽穗。当晚田善又不能入睡。心想这是有如神助，他翻过来想翻过去又想才慢慢入睡。突然耳边又有呼唤：

田善田善，去割谷秧，
时到百日，价值百万。

田善猛然爬起。回想梦中呼唤之声极似左和尚。溪州人们常说老司城观音阁左和尚救苦救难，在梦中托付救了很多大难临头之人。他于是下定决心不给汪财主通报，起床后饭也不吃就下田去割那一亩怀苞稻禾，挑回来晾晒于汪府后屋檐下，然后一边做工，一边等待百日期满。九十九天时，田善开始着急，到了次日早上稻谷还没有动静，不免心急火燎。

话说当时河南境内民间流行大凶瘟疫无药可医，救苦救难的观音菩萨托梦于人，只有溪州有一财主汪旺娇之家，有一怀苞待穗谷秧能治此病。于是官府就派一郎医前来溪州进行收购。正当田善在田间薅草之时，汪旺娇气喘吁吁地跑到田坎边叫道："田善，田善，家里来了一位收稻禾穗的人，他走遍全中国都找不到稻禾怀苞时割回家晾干的稻穗，说是无价之宝，他听溪州人讲，只有我家有，你知道吗？"田善急忙上田坎，点头跟主人回家。到汪府后屋檐下取谷穗，过秤后足数一担，价值一百万。汪财主高兴得跳起八丈。好啊！有了田善做工，何愁不变亿万富翁。田善心中也暗自欢喜，那收稻穗的人付了银票，朝东北方向走了。

次日，田善百日期满，问及主人汪旺娇要三年的待遇回家去看望母亲。汪旺娇心想：这田善是财神菩萨，有他一人做长工，其余200多做长工的统统都可退回去。就对田善说："你再做三年，报酬按原协议不变。这一百天有多少算多少！"田善死也不做了，要求汪旺娇按协议付清工钱。汪旺娇见无法留人，就对府内侍人递个眼色，侍人从油库里取出三罐清油递与田善。田善莫名其妙，问这是什么意思？汪答："我与你协商是一年一罐油，三年三罐油嘛！"田善听后如五雷轰顶。天啦！世上竟有这等丧尽天良之人，绝望痛苦的眼泪涌了下来。他一声不吭地接过三罐清油，心想我哪有能耐与汪府打官司？于是手提三罐清油向回家方向走，边走边想我往何处去？回家让母亲知道如何是好？于是决定这三罐清油不吃，上给老司城观音阁左和尚敬奉菩萨。

话说观音阁左和尚主持庙事香火旺盛，因其学观音菩萨大慈大悲，救苦救难扶正惩邪，显灵而名扬湘、鄂、川、黔边区土家族聚集区。周边佛教、道教信众纷纷来观音阁上香，找左和尚救苦救难。再加上观音阁每年三次庙会佛事繁忙，庙里忙得不可开交。

一天清晨，左和尚将几个年轻徒弟叫到跟前，要他们今天好好打扫佛殿摆好香案，准备迎接一位大香客。这天亥时，几个徒弟还在忙碌，年轻徒弟问左和尚："师父您说今天有大香客来，天都这么晚了，月亮都快要出来了还不见人？"左和尚用手指着说："你们看，门口大檀香树边手提三罐清油的人不是吗？"年轻徒弟说："您不是说大香客吗？"左和尚点头称是，边回答提问边走到佛殿门口接人。众僧也主动分队夹道欢迎田善。田善健步走至观音佛龛前，将三罐清油恭敬地放于莲花台前佛桌上，点起三炷香向佛龛拜台三拜九叩，顿时泪流满面，像是对菩萨诉苦。左和尚亲自擂鼓敲钟！对田善说："你回去吧！乌云吹开有天晴！善哉善哉！阿弥陀佛！"

田善辞别众僧乘月回家，走了一晚又一天，到家里给母亲请安后倒头便睡。梦中连叫苦命！天亮起床时，耳边又响起左和尚的声音：

田善田善，屋后去看，
千亩荒山，变成良田。

田善起床后走至屋后，啊！是真的！原来的一座荒山，一夜间竟变成千亩良田，当即就在田坎上向着老司城观音阁的方向三拜九叩。回转身禀告了母亲。母亲自然高兴，口念阿弥陀佛!

田善一夜变成富翁，请了许多长工。他对做工穷人的工钱分文不欠，工人也替他卖力，没几年家产就超过了汪旺娇的资产。消息传到汪旺娇家，汪心想田善三罐油就能发家，观音菩萨、左和尚连三罐油都能看得起，且待我花钱去观音阁朝香。

这天观音阁左和尚又叫年轻徒弟打扫佛殿，说今天有位小小香客会来。约中午时分，一小徒弟在庙前打扫卫生，见到对面下山堡来了一大队人，赶快回殿中报知。众僧人走到佛殿前的三层转角楼前，远眺对面锣鼓鞭炮齐鸣，300 多人骑马坐轿挑担抬货前来上香。小徒弟问左和尚：“今天众人抬了那么多礼物，为什么是小香客?”左和尚也没回答。汪旺娇带人进到殿内，把朝香礼物摆满佛殿。汪旺娇走至拜台前点燃三炷香，拜三拜，左和尚走近佛龛前揖手念道：“罪过罪过！阿弥陀佛!”

左和尚将敬香礼物留出一部分作为庙内正常开支，其余多送给老司城平民百姓或修桥铺路。

汪旺娇本来已经家财万贯良田千顷，住的是亭台楼阁，行的是骑骡跨马，玩有花园别墅，家有侍人长工 200 余人。他还不满足，连田善打工三年三头牛还要骗取。人说他连苍蝇飞过都要掐条腿。汪财主花很多银两上香拜佛后，心想田善上三斤油就能大发家，我花那么多钱要发更大的财。但时间一天天过去，发财没有迹象，汪旺娇难免心头不乐，就去闹市游走消遣。闹市有一赌场，有人一盘就能赢白银千两，让他好生羡慕。旁边看热闹的男子叫道：“汪财主，你家财万贯何不进来摸两盘?”汪旺娇发财心切，于是进场学赌。这一赌就上了瘾，从此出入赌场妓院，不到三年就把万贯家财千顷良田包括房屋输光，乃至妻离子散没有饭吃，只好上街乞讨。

一天晚上，汪旺娇在长街讨饭回到一破庙之中，左思右想，自己家财万贯，如今乞讨为生，我花钱也敬了菩萨，又不得菩萨的保佑，活着还有什么意思？不如上吊去死。于是就扯下自己的一件破衣，想上吊自缢而亡。忽听耳边有人叫道："你别死，你还欠田善三头牛。你得变条狗给田善还债，否则阎王不收你，到阴府有折磨啦！"汪旺娇听后在破庙上吊自缢。

次日，田善家八字朝门来了一条狗。此狗纯正黄毛高大健壮。按土家习俗："家进一条狗，钱米种种有。"这是好预兆。这条狗也奇怪，一见田善就摇头摆尾深通人性。田善便将其收留。此狗看家对来人来客汪汪叫但从不咬人，没有多久就成了田善的宠物。奇怪的是这条狗极像旧时的汪财主。田善非记恨之辈，心想故主虽然奸恶，但下场也够悲催。于是将此狗取名"汪汪叫"算是怀念。

"汪汪叫"很争气。一次偷牛贼牵走田善一头牛。"汪汪叫"及时吠叫警报，还带着主人尾随追赶。偷牛贼见势不妙，将牛牵往路旁荆棘丛中。"汪汪叫"追去将其抓获。田善问清原因，怜惜其家境贫寒就将其释放。

"汪汪叫"进田家第二年，溪州出了一个专偷金银的江洋大盗"屋上飞"，闻名百里。盗贼闻听田善发了财，就打起了他的主意。某天田善和"汪汪叫"外出，盗贼便悄悄翻墙入室，撬开金库门锁盗走了300两白银，然后顺官道溜走。几个时辰后，田善与"汪汪叫"回家见屋内有盗贼脚印，进至金库发现被盗。田善就叫"汪汪叫"到金库边闻出生人异味，然后顺官道拼命追赶。“汪汪叫”就这样一蹿一丈多追了盗贼15里，眼看盗贼离市场银铺仅1里路时，“汪汪叫”终于追上了大盗，它一口咬住大盗的裤角把他往回拖。盗贼边打狗边跑，耽搁了时间。田善派来的几名长工这时已经赶到。他们抓住盗贼追回了300两白银，然后将此贼解送官府。

“汪汪叫”回到田家。田善双手抚摸爱犬，心想全靠你追回300两白银，挽回的损失足够几头牛的钱。“汪汪叫”被主人一摸，满脸泪水地望着田善。田善心想：果然是狗通人性，有情有义。

次日早上，“汪汪叫”不见了，田善不以为意，但是到了晚上仍然见不到“汪汪叫”。第二天仍不见回来。田善心中甚急，叫家人分头寻找也不见踪影，心中开始悲凉。几天后，一名侍人说后山杏树林有苍蝇轰轰乱飞且异味扑鼻。田善过去一看，“汪汪叫”已经死于后山杏树下，眼鼓得很大。田善见状疼惜，叫人就地掩埋。这就是左和尚救善惩恶，把骗田善三头牛钱的汪财主遭报应死后变狗还债的事例。

二、左和尚普陀山朝香记

左和尚一生诵经念佛，常年敬奉观音菩萨，她大慈大悲，救苦救难，深得老司城和溪州土家百姓颂扬。她92岁时，已经收留了干儿女90多个，还救护苦难贫民90多人次。这些干儿女小时候家贫患病不好养，长大后却多为文武双全之士。左和尚想这些功绩全靠观音菩萨显灵指点，所以更加勤于庙事。自方丈死后，她在庙内建立起功德簿、轶事簿，鼓励教友徒儿积累功德，寺庙香火更为旺盛。但人到晚年，她还要了却一桩最大的心愿：就是亲睹南海观世音菩萨道场，亲耳听观音菩萨现身说法，为此她早就诚心发愿自己为善与人为善，人人为善同登彼岸。

当地人传说，很久以前观音菩萨曾想将道场选定在美女梳头的观音山，但因对岸罗汉山形似裸身不雅不成体统，且知道会有左和尚替她救苦救难，所以才转向南海普陀山弘法。

唐代宗李豫宝应元年（公元 762 年）十月十五日，左和尚年满 92 岁。她选择吉日将庙内的事务交代给一位年长的和尚，并告诉心腹徒儿次日出发前往南海普陀山。10 多位僧尼难舍难分地相送至庙前一棵白果树（银杏树）下。这时左和尚身披袈裟手持禅杖，背上褡裢长袋，备齐路途用品。众僧尼齐声预祝道："左师兄，一路平安！敬香如愿！"其中一位徒儿双膝跪拜含泪请问："师父今日出门何日归家？"左和尚答："白果午时开花年。"便转身独自踏上敬香路。

92 岁的左和尚身体仍如中年妇女。她从老司城经朗溪河，至铜瓦溪、高坪到王村太坪桥家乡路过，再走旱路到楚国的辰州、桃源、常德、衡州、衡山、长沙郡、岳州，再过长江到湖北荆州、武当，再经河南嵩山转入安徽黄山、九华山绕路杭州。她徒步走过了无数山河，处处见佛拜佛、见庙烧香、遇塔扫塔，顺道救苦救难。

左和尚风餐露宿年复一年，历尽人间甘苦，凭着决心毅力，终于走到浙江普陀山对面小镇附近的林径道湾休息。屈指算来，她离溪州已近 3 年，加之霜降天寒海风刺骨，年满 95 岁的她开始思考落叶归根。但又想已走 3 年没有结果回去心也不安，于是决心再向前走。不远处见到几个百姓便施礼打问："施主，此去南海普陀山还有多远？须多少时间？"那几人不愿答话。有人随口说："那还远哩！要六个月！"其余人叽里咕噜说："出家人已到彼岸，还向别人问路程！"

左和尚不多时来到海边，雾气中仍看不清普陀山方向，但见道路渐宽，又到渡口小镇，街巷满是香烛纸蜡店铺，各家神龛皆供奉观音菩萨。左和尚又向一位老者合掌问道："老施主前面是普陀渡口吗？"老者答："正是。只是昨晚渡船失盗，此时还没下落。"又说："去普陀朝香人须住小镇等候。"左和尚不想住宿，便一路走到海边，眺望普陀山影，心里默想："菩萨前身慈航大士，发愿转世人间度醒众生开此道场，弟子此时却不能渡海……"

忽听对岸绝壁童子发问："对面可是美女山观音阁左和尚？请行至水边上船。"左和尚振作还礼行至海边，但见一瓣莲花飘落水面。对岸悬崖童子又叫："何不上船？"左和尚放胆踏出，霎时花瓣变成小船漂向对岸。左和尚上岸不见小船，才知这是菩萨接引，于是沿着石壁小道向上攀登。

普陀山寺庙宏大但须经过九曲岩石梯道，每曲上 36 级台阶才能到达山门。左和尚好不容易登到山门附近，看到一眼"洗心泉"。她饮过"洗心泉"水继续前行，忽见山门口立有一童子："身披锦衣，手摇玉尘，练就长生居胜境，修成永寿脱尘埃。"原来是观音菩萨身边的善财童子。左和尚路途中敬香时曾听说善财童子儿时聋哑，后被观音菩萨搭救解除病苦收为徒弟修成正果，连忙躬身施礼道："我乃古溪州美女山观音阁左和尚前来仙山朝香敬佛。此来想亲见观音菩萨现身说法，然后求些宝经回寺，只能小住贵仙山十天。"童子引左和尚缓行至西厢庵堂道："来路千辛万苦，请到此庵堂西厢'净身池’沐浴安歇。”

次日五更钟鼓响过，童子又来引左和尚到观音正殿，又称大雄宝殿。正中佛龛莲台坐式观音佛像金光闪闪，面目慈祥。佛龛前早有龙女肃立，长老打坐正中，两边各有10余名僧尼在殿内双手同时合掌肃立恭迎。左和尚躬身施礼启上：“弟子左和尚从小在美女山观音阁庙殿敬奉菩萨，救助黎民苦难广济众生。此行特来拜佛求经，且愿亲见菩萨现身说法。”长老道：“菩萨昨日去天宫瑶池赴会，十天后回驾，你且等候。”左和尚点头。

左和尚即日随殿内僧尼敬香念经拜佛，一起进斋同时休息，一连九天九晚不见观音菩萨回仙山。左和尚归心急切决定再等一晚，明天上午菩萨不回，则是缘分未到，只能回家修炼再等来世。

第十天左和尚五更起床，找善财童子求长老发慈悲赐下经书。长老得知便派龙女到藏经楼取出《菩萨经》《宝常经》《金刚经》《本阁经》《五龙经》《决定经》《西天论经》《华严经》《法华经》《阿弥尼经》10部300卷。二童协助左和尚用浅红布皮打包成行李，然后向长老施礼道别，再由善财龙女护送出山门而去。

行至渡口，善财与龙女二童站上山崖，放出一片莲花瓣儿漂落到左和尚脚下，莲花瓣儿变成船儿顷刻将人载到对岸，左和尚踏上返乡之路。

话说左和尚自从到了普陀山，便觉得身体轻健精神倍增，步行快于常日，如同返老还童，心想西厢庵堂的沐浴水或有菩萨神迹。她此去仙山好不容易取得真经，但未见菩萨现身说法仍是遗憾。

左和尚由于在仙山饮水沐浴洗去凡间污秽，已成半仙之体。返行一天行程等于来时六天，身背300卷经书竟然觉得一身轻，当天走到杭州郊区平原才见夜幕降临。左和尚立住脚打量，四边一无庙，二无塔，三无百姓炊烟，心下略急。再向前走百步，突见不远处有一石壁，高约1丈宽约2丈，壁下有树枝搭成的茅草屋，虽无炊具、柴火、被盖，但左侧有张破床、一只木凳。左和尚宣佛号进屋，见屋里有位白发老妪，年纪同自己相仿，便恭身合掌称："阿弥陀佛。弟子今晚求宿，老施主意下如何？"老妪答道："和尚！我这里一无烟火，二无斋饭，三无被盖，仅有一凳，天气寒冷你如何过夜？"又说："我须靠坐到天亮，你能吗？"左和尚说："能！"老妪又说："我人老嘴多。你能陪我同坐？"左和尚道："出家人不怕吃苦，也不怕老人家嘴多。"老妪道："你既不嫌弃，就来同我坐。"左和尚放行李在床，取凳陪老妪坐。

老妪打问："你姓甚名谁？哪里人氏？从哪里来？到哪里去？"左和尚答："姓左叫左和尚，出生溪州王村太平桥。从小到司城观音阁敬奉菩萨，此去南海普陀朝香返回。"老太婆应声："啊！"但一会又问："你姓什么？从哪里来？到哪里去？去做什么？"左和尚照样热情答道："我姓左名叫左和尚。王村太平桥人，从小在司城观音阁敬奉菩萨，此去南海普陀朝拜观音菩萨返回。"那老太婆又以"啊"回应。这晚从一更问到三更，又从三更问到五更。左和尚一天行路困倦，不得上床歇息，从进屋坐下就回答老太婆的问题，已经回答了99次。老妪又问："你姓什么？从哪里来？到哪里去？做什么？"左和尚显出不耐烦，答道："老者您嘴巴果然好多。这个通宵问了99回，天都快亮了还要再问?"老妪又"啊"一声接着叹息："只差这一回啊!"

东方即白时突然一阵风起，老妪、茅草屋、床凳均无踪影。左和尚发现自己的行李放在一块石板上，自己坐的也是一块石头。她在惊奇中起身望向东南，但见半空中五色祥云犹如莲花随风远去，但有一张字条飘来。左和尚双手接住诵读：

和尚本姓左，要灭心头火，
有心朝普陀，菩萨就是我。

纸条下面且写小字："约你等十天，你等九天零三个时辰，还欠九个时辰。"左和尚看罢心下悲苦双膝跪地双手合十："阿弥陀佛。"原来昨晚就是观音菩萨从天宫瑶池赴会返回仙山途中示现。菩萨问及我九十九回，眼看就能现身说法，可惜功德福缘修炼不足转眼成空。想到此处，便念了声"阿弥陀佛"起身取捷径赴回程。

且说观音阁众僧尼时时惦记此事。有一徒儿每年四月上旬都跑到白果树下等着花开。这棵白果树自古以来都是每年四月十五左右半夜开花半夜谢，从没有听说过白天午时开花，这个徒弟这天掐指一算，师父已去三年零六个月只差一天了，今年四月十五即唐代宗李豫永泰二年（公元766年）四月能回来吗？小和尚随时记在心上。这天晚上只因惦记着师父回来，长夜不眠，在四更天睡着了，在睡梦中见到了师父，师父说明天中午回来！这徒儿高兴得猛然翻身起床。醒来，原来是一个梦，此时已经天明，是梦也好，是真也好，起床按每天的规矩击钟、擂鼓，打扫上下左右佛殿的卫生。早斋时将梦见师父一事告诉师兄们，众僧尼也都相信小和尚的梦一定是真的，决定午时前在白果树下排队迎接。

午时快到了，众僧尼兴高采烈地在大白果树下两边站好，凝望着北来的大道，大家又望一望身后的白果树，突然，小徒弟惊奇地叫道：“好哇！白果开花了！开花啦！”果然，10多人牵手合围的白果树，枝叶繁茂，分枝发芽，雪白如棉花一样的花儿朵朵绽开！随着夏日的微风在暖和的阳光下摇动白果花，好像同众僧尼一同在欢迎左和尚的回来！众僧人知道这种千古奇事的出现，必有奇人在世。左师兄一定会在今天安全回来，这时小徒弟又喊道：“师父回来了！回来了！”他边跑边喊，飞奔前去迎接师父，小和尚在距观音阁前300米的坳上接到了师父，一会儿小徒弟手牵手地同左和尚走至白果树下，众僧一拥而上，围住了左和尚，徒儿背着师父的行李，久别重逢万分亲热，迎接到正殿旁的休息厅草席凳上分别坐下，僧尼在细谈中问及一路经过和敬香成果时，左和尚叫徒儿从褡裢取出记时、记程、敬香和文牒记录簿。小和尚给众僧尼念道：“为时三年零六个月整，途经五省（郡）县府、州府、郡府，盖有朱印八十颗，寺院敬香二十八次，拜佛五十六个佛殿，扫塔十五个。敬香、拜佛、扫塔共计九十九次。途经我国著名的衡山、武当山、嵩山、黄山、九华山等。往返行程二万八千九百里。”小和尚再从褡裢取出一个浅红色的包裹打开看时，内有金光闪闪的《菩萨经》《宝常经》《金刚经》《本阁经》《五龙经》《决定经》《西天论经》《华严经》《法华经》《阿弥尼经》10部300卷。众僧尼兴奋不已，叫徒儿将经书收藏于藏经柜中。众僧尼又问见菩萨事？左和尚说起返程时在杭州郊区平原那夜奇遇，不禁眼泪涌出，叹道："是我修炼不到家。从今天起我和大家共同再修炼敬奉吧。"左和尚与众僧尼久别重逢高兴且按下不提。

且说老司城百姓、佛教信徒、她搭救过的平民百姓和左和尚的干儿干女，得知左和尚南海普陀朝香回来，纷纷到观音阁看望。她的传奇经历迅速传遍湘、鄂、川、黔武陵山区。左和尚回到观音阁又敬佛主持庙事三年六个月，活到99岁。徒儿事后拜读"功绩簿"，但见左和尚救苦救难99人次，结拜干儿女99个，跟观音菩萨答话99回，途中烧香拜佛99座寺庙，她已达5个"九九"，终归未满一百。南海朝香路经州县盖珠印80个。这些数量，都仅差一次才有九九归一成正果，说明事要圆满实属万难。

但左和尚圆寂，溪州内外百姓前来举丧七天七夜，烧香吊孝人数达到2万人次，然后将火化骨灰葬于观音阁附近沙湾。

左和尚火化后，真身玉帝按照佛祖旨意，委派红衣、青衣、黄衣、素衣、紫衣、绿衣诸仙女将其接往天宫授封"慈悲菩萨"，并分派她到瑶池王母娘娘部下，协助举办年度蟠桃盛会。左和尚救苦救难的故事和南海朝香的经历流传千古。土司王彭文勇特意在距观音阁300米，即徒儿迎接她的坳上修建"迎师亭"传承至今。

第七节 土司招察访使做驸马

今永顺抚志乡大茶湖、小茶湖、惹毛、塔卧、对山寨、勺哈凤溪寨、岔列坝、颗砂洞等地丁姓近3000人，始祖都是丁洪信。

这丁洪信是明洪武年间进士，学识渊博一表人才，极得圣心。洪武六年（公元1373年），他受皇命三道出任察访使：一是溪州土司敕升湖广等处宣慰使司（原为宣抚使），赐给新印章一颗，三知州六长官印九颗；二是闻听老司城大兴土木重修金銮殿，涉嫌逾制；三是查考溪州民情公意。丁洪信带书童来溪州府赐印察访。

当时约值彭氏第13代土司彭天宝执政（笔者推测）。土司倾情接待京城特使，十分中意。遂将芳年二八的女儿嫫毕玛帕（土家语名）许配。丁先是拒绝，后经土司设法奏请朝廷特获恩准完婚。

成婚后，土司又要授土知州总理等职，丁坚辞不受，只承担在东门街灵溪义学堂任教，传播文化。老司城“义学堂”是全国土司兴办义学教化土民子弟的最早先例。丁洪信的书童亦得成家。五年后，丁驸马与夫人生育二子，自请到抚志深山幽林插户。

丁洪信原籍江苏（曾隶江西）淮安白马坡。考取进士时，家里已有妻室并生三子，还有父母在世。丁来溪州日久惦念亲人，但土司区有“蛮不出峒汉不入境”的旧例。丁洪信无法跟家人联系。六年后，他想回老家，又难忘彭氏妻儿之情。他就与父母妻子商议，带原配第三子同回到溪州抚志。嫫毕玛帕理所当然生气，认为自己被骗，闹到土司府衙。俗话说：木已成舟，生米煮成熟饭。丁洪信只好带小儿在距插户山寨一里的山窝再插户。从此，嫫毕玛帕住处叫大插户，丁洪信小儿住处为小插户。经数百年繁衍，永顺县丁姓发展到近3000人。人们随着时间的推移遗忘了历史，却将插户演变为茶湖。大茶湖、小茶湖的来历都是丁洪信洪武年间的两处插户。

永顺丁姓中知名人士大都知道这个来历，还记得始祖丁洪信与嫫毕太祖母成婚时土司赠送的一副对联：

百子流苏开甲帐，银台金粉助丁帘。

（此文根据抚志退休教师丁世正口述记录整理）

第十二章

彭士愁的五大将军

彭士愁在父彭瑊、楚王马殷精心策划下组成30多人戏班，于唐末（公元905年）从长沙进入五溪，至后梁开平四年（公元910年）成为溪州刺史，均靠恩结溪州人心得到百姓拥戴。其中科洞毛人、努力嘎巴、热其巴、田好汉、向老官人五员大将拥戴彭士愁入主溪州立下汗马功劳。其中前四人是原首领吴著冲麾下爱将。

老司城摆手堂

摆手堂三尊神像

第一节　科洞毛人

科洞毛人姓彭，出生在老司城西南 30 里科洞大寨。

大力毛人故事如下：一天毛人在山上做活，因天气炎热口渴难耐便去找水。找到一块大石板用力揭开，便见一汩清泉冒出。毛人弯腰连喝三口感觉甘凉，再想喝时泉水不见了。站起来头晕目眩，连打几个呵欠后在山坡草丛中睡了三天三夜。后来老娘将他找到，他还在做梦。老娘把他叫醒，再一打量，儿子已长成 8 尺多高铁塔般健壮、浑身长满黑毛的大汉，老娘吓得晕倒。他使劲抱起老娘往家跑，箭步如飞。这才知道自己是喝了神水。从此，溪州人人皆知科洞出了个大力神，后被吴著冲招纳，再往后又给彭士愁建功立业，参与溪州治理，百年归寿。但因他跟主公彭官爵主同姓，所以不能进入湘西土家神灵谱序。

第二节　田好汉

田好汉又名田尔庚，系南渭州列夕乜泽河本地人。

传说，田好汉身长 8 尺 8 寸，体重 288 斤，力大无穷。人言田好汉的铁帽 100 多斤重，是溪州著名好汉之一。吴著冲晚年将其选到身边。彭士愁于唐末（公元 907 年）经四战剿灭吴著冲。前三次大战，田好汉还在替吴著冲效劳。但到永顺与龙山交界处的“伴湖大战”之时，吴著冲等大败。田好汉见吴著冲大势必败，但又不好意思找彭士愁谈条件，便隐退家乡南渭州乜泽河，然后偷偷到辰州彭瑊麾下效力，成为其手下大将。后晋天福四年（公元 939 年）溪州之战后，向老官人前来劝说，他才成为彭士愁大将并共治溪州，最终进入湘西土家祖先神灵谱序。现今摆手堂神像正前方右边头戴青帕的即是本地土家田好汉，中间即彭公爵主彭士愁。

第三节　努力嘎巴

努力嘎巴姓彭（有说姓鲁），祖居司城南方科洞对面，即灵溪河坎叫“铁砂枯”彭家的地方。

努力嘎巴（土家语人名）是溪州好汉之一，由吴著冲晚年招为手下。努力嘎巴与科洞毛人相好，经常相互串门且路过灵溪河。晴天清水还好，洪水就很不便。于是他两人就合力将小山大的石头向灵溪河掀翻，形成三重山分别置于河中三处，变成“三脚岩”。洪水来时，他俩就脚踏三脚岩跳跃过河玩耍，这就是“三脚岩”地名的来历。有一次，保靖苗蛮，联合土蛮到科洞大寨劫财，几百人手持大刀、梭镖、羊角叉开进科洞，正赶上两个大力士闲谈。科洞毛人见有人打劫进寨，便将母亲挟在胁下，顺手扯起屋门前一根楠竹。努力嘎巴则扯起科洞毛人家门前一棵板栗树。两人东扫西打左刷右拖，背靠背往前冲，打死盗贼无数，就此一战成名。

努力嘎巴，也是吴著冲晚年麾下大将且刚直不阿。彭士愁招他入宫当驸马时，曾在灵溪河三比武：一比纸钱升空过河，二比茅草过河，三比打蚂蚁，请向老官人做裁判。彭士愁三次都用巧力胜过努力嘎巴，才让他顺从成为麾下武将。他帮彭士愁打败吴著冲，在四大战役中立下赫赫战功。

努力嘎巴为协助彭士愁治理溪州，更名为彭师晃，与彭士愁子彭师裕、彭师杲同辈。他亲身参与后晋天福四年（公元939年）的溪州之战。后晋天福五年（公元940年），结盟议和铜柱立，柱上第三十八行镶刻有“武安军节度讨击副使、左归义第三都将、银青光禄大夫、检校散骑常侍兼御史大夫上柱国彭师晃”。但因努力嘎巴姓了彭而由彭士愁取代，未能进入摆手堂神像和湘西土家神灵谱序。

第四节　热其巴

热其巴，又名昔枯热其，原是吴著冲手下大将，姓王。他家住南渭州列夕码头坎上王姓大寨。热其巴父亲早逝，无兄弟姐妹，全靠青光瞎母亲拉扯长大。列夕自古缺水干旱种田靠天，吃水更成问题。传说有一天，热其巴口渴撬开屋后一块大石板见里面有水，就弯腰连喝几口，觉得甘甜可口沁人心脾。再起身就觉得头脑清新精神振奋。他打量自身，已由原先中等身材变为八尺大汉。他见前方有棵几人合抱的大树妨碍出水，就双手合抱将树连根拔起，但见井里有条小龙金光闪闪。热其巴高兴，将大石板盖上，回家将此事告诉母亲，并嘱咐别让人知道水井的秘密。

列夕出此神力人，立即被无儿的吴著冲看中，晚年将他招为大将，为保溪州刺史且供职长久。后为彭士愁大将，功劳卓著。

永顺《弄塔王氏族谱》载：蛮人到王家明、清、亮、聪四公后桀骜如故。四公便暗招辰州刺史彭瑊佐治。适逢吴敖骈守赤石，瑊不能下，便求王氏相助，得其所率溪州兵数千讨之。朝廷遂迁瑊为溪州刺史，后世竟有其地，多赖王氏助力。后因“彭氏阴嫉之”设计陷害，王氏生气“自后永不佐土司矣”。热其巴死后，彭、王矛盾加深，导致热其巴王姓“永不辅佐彭氏”，因而没有立神像，也未曾进入湘西土家祖先神灵谱序。

第五节　向老官人

向老官人即向宗彦，字允福，号圣基。唐昭宗景福元年（公元892年）三月初六日寅时生，同辈亲兄宗高弟宗珍，祖籍江西南昌府丰城县铁树宫栗树村向家巷，后迁吉安府吉水县，与彭瑊同乡。当时江西连年遭灾且政局动乱。其祖向仁寿父向先行及母刘氏，携全家六口于唐末（公元903年）随刺史彭瑊入湘。楚王马殷授彭瑊辰州刺史，向宗彦先人倚为靠山，定居辰州莲花池。彭士愁得知向宗彦能干，招为部下称向老官人。后晋天福四年（公元939元）参加溪州之战，天福五年（公元940年）所立铜柱第三十九行镶刻有：武安军节度衙前兵马使、前溪州左厢都押衙、银青光禄大夫、检校太子宾客兼御史大夫上柱国向宗彦。今永顺（溪州）各地包括外县、外省土家族集聚区大寨摆手堂的三尊神都是：

中为彭公爵主彭士愁；
左为向老官人向宗彦；
右为田好汉田尔庚。

古辰州今沅陵《莲花池向氏族谱》载：祖先能和气致祥。

“溪州铜柱”早已是全国重点文物保护单位。与此有关的湘西彭、向、田“三大王”“土司城”跟湖北、贵州土司遗址共同申报世界文化遗产，也于2015年7月4日成功。外乡人向宗彦顺应潮流入乡随俗因俗而治，还跟苗族通婚，开启各民族和气致祥。“溪州铜柱”镌刻铭文2118个字中记载（不包含签署官员姓名），精悍精辟字字珠玑。

“溪州蛮”区域是多民族聚居之地，怎样实现各民族团结，让社会长治久安？铭文里的“今五溪初宁群帅内附”的大好形势从何而来？“铜柱”以史为鉴，总结古人治国理政经验开启未来：最重要的是确定各方权利义务，然后严格遵守，有所为有所不为。包括依法尊重疆土权利稳定经济互利，依法“赋税”取之于民用之于民，也包括地方民族事务依法“自治”。

向老官人安邦治国，以民为本，功勋卓著。他“入乡入族”，与苗通婚，同化共祖，亲民为善。向老官人为莲花池“古村落”历史延续、子孙繁衍发展及“蛮夷文化”融入“中华文化”做出了积极贡献。向老官人是老司城历史文化中的一张“名片”，光耀千古。

“溪州铜柱”犹如一部厚重的价值连城的湘西“史记”，说明大湘西的历史源远流长。“溪州铜柱”铭文所述均为“三亲”：即亲为、亲见、亲闻，既精且博。它比南宋辰州通判朱辅所撰《溪蛮丛笑》至少早255年，更比明成化时辰州教渝沈瓒撰《五溪蛮图志》早500多年。“溪州铜柱”誓盟促成溪州疆土稳定、民族团结、百姓安宁、经济发展。彭氏据此治理溪州实现“千年一柱天下太平”。

向宗彦身后留下物质财富和精神财富。最大的载体是莲花池古村落。她是目前怀化市地方实物史书。其中民宅保存20多栋，1800多平方米院落，有好几栋建于后汉、后周、宋朝。碑刻有“元、享、利、贞”门楣石刻；有“竹林传家”和“经略堂”石碑；有象征军威的“桅旗二树”插杆基石；有土家苗裔“四合院”建筑群；还有“岩门楼”“血水潭”“下马坪”“鞭子坳”和许多壮烈故事。还有彦公祠、忠烈祠、向老官人祠等传承至今。

辰州莲花池黑幕岗向老官人墓

第十三章

彭氏五治所考辩

城　名	利用时间
九龙蹬	61 年
龙潭城	99 年
会溪坪	65 年
老司城	589 年
颗　砂	4 年
合　计	五个治所 818 年

第一节　九龙蹬

2010年9月9日湖南省考古专家柴焕波老师考察九龙蹬日记：

9月9日，一行人浩浩荡荡地上山了，就像当年的土兵……

"山顶平旷处有建筑遗址，四周利用自然岩体垒砌成保坎，遗址上散布着灰青色的残瓦。四面绝壁，背面的一线小道也被石砌墙堵塞。从现场可以体会到《铜柱记》描述的"保山寨"的地形特点。山如劈斧，无法攀缘，关卡是生死之门，只有在此天堑中，才会对兵家的恐惧、绝壁有切身的体会。遗址出土了大量的釉陶片，动物骨略，还有秦汉时期的遗物。村民宋大妹在山坡烧炭时，曾挖出过铜钺一件，下山后即捐献给了考古队。我们夜里睡得很深很沉，几次听到自己的鼾声，几天的疲劳就这样恢复过来了。

上述是省考古专家柴焕波老师的一篇日记，替笔者找到了九龙蹬，找到了彭氏第一代溪州刺史彭士愁选择的最险的山堡作治所，也是彭氏的第一个治所。

据史籍记载："彭瑊，字瑞规，辅公第五子，彭玕之弟，江西吉安人，唐为金紫光禄大夫、检校司徒，辰州刺史，任过溪州刺史，为溪州土司之祖。"

二世彭士愁（883—956）。彭士愁又名彭彦晞，后梁开平四年（公元 910 年）袭父职，督誓二十州。楚王马希范封彭士愁为静边都指挥使，金紫光禄大夫，检校太保使、持节溪州诸军事。守溪州刺史兼御史大夫、上柱国、陇西县开国男，食邑三百户。

彭瑊去世后，彭士愁带领溪州各属，苦心经营，加上周边溪州蛮酋的拥护，军事也壮大起来。后晋天福年间，楚国与溪州边境经常发生扰乱之事。于后晋天福四年（公元 939 年）九月彭士愁发动了“溪州之战”。彭士愁败，彭氏第一个治所“九龙蹬”被火烧毁。

彭士愁孙彭允林，于宋开宝四年（公元 971 年）袭职，在老司城下游弄塔建龙潭城。从 910 年至 971 年，彭氏九龙蹬治所为 61 年。

第二节　龙潭城

龙潭城治所，柴焕波老师《从王村到老司城——永顺彭氏土司的历史踪迹》一书载：

> “龙潭城宋代城址坐西朝东，城墙长260米，宽约140米，面积约3万平方米。城墙以夯土筑城，残高2.8米，宽6.5米。城墙外围有明显的因取土筑墙而形成的城壕。城内堆积分为五层，第二、三层出土青花瓷片，为明清时期。第四层包含大量宋代白瓷片和极少量的青瓷片、酱色瓷片、釉陶片，未见青花瓷片，为宋代地层。第五层为商周时期文化层。这几个地层土质土色区分明确，包含物单纯，并皆有一定的厚度。明代以前土司治所、墓地何在，元代的‘永顺’在何处？这是一段数百年来的公案。龙潭城宋代城墙和文化层的发现，第一次从考古遗址确认了明代以前土司踪迹，彭氏土司最初几世纪的景象开始被考古学的光芒所照亮。”

龙潭城是彭氏四世溪州刺史彭允林于宋开宝四年（公元971年）承袭建龙潭城。第9世溪州刺史彭师宴在熙宁三年（公元1070年）筑下溪州会溪坪治所。从971年至1070年，龙潭城治所为99年。在其间有七世溪州刺史彭儒猛、彭师宴父彭仕羲执政时又去会溪坪治所。但龙潭城并未宣布撤、废。在第11世溪州刺史彭福石冲时才宣布撤龙潭城，因此龙潭城治所按99年计算，是完全正确的。

第三节　会溪坪

吉首大学王焕林老师《永顺彭氏土司司治研究》文中记述：会溪坪治所，据有关资料记载：

“会溪城东西宽约0.5公里，南北长约1公里，占地面积约0.5平方公里，故城建有四门，北门临酉水，南门靠五里坡，东门伴东门溪，西依麻溪。故城北门建有演兵场，占地2万平方米，场内设有演武厅、靶场等。故城东北建有五谷殿，建筑面积600平方米，殿内供有玉皇大帝和诸多菩萨。伏波宫建在五谷殿后，长100米，宽32米，四周围有青砖封火墙，内有三进，一进为戏台，两旁为厢房，中有天井，三进为正殿，供有马援、马希范、彭士愁、娘娘（彭士愁妻）四尊神像。故城西边为寨落、衙署。”

据《彭氏族谱》载：第9世土司彭师宴（仕羲长子）熙宁三年（公元1070年）袭职，筑下溪州会溪坪城。按熙宁三年（公元1070年）筑下溪州会溪坪治所，到第11世彭福石冲于南宋绍兴五年（公元1135年）撤会溪坪治所，在老司城兴城。从1070年至1135年，会溪坪治所利用65年。

第四节　老司城

老司城，第11世溪州刺史彭福石冲于南宋绍兴五年（公元1135年）在老司城兴城，撤废会溪坪，撤龙潭城。

老司城（北纬29°，东经110°）地处万山环拱之中，以山为城，以水为池。彭氏内罗城建在凤凰山尾部，背靠福石山、禄德山、寿德山，统称“三星山”。在明鼎盛时期山城繁华到城内3000户，城外800家，有“中国第二南京城”之称。经宋、元、明、清四朝，第34世土司彭肇槐迁治所在颗砂建新司城。同样彭肇槐常来老司城处理善后事宜。

从1135年至1724年，老司城治所为589年。在清雍正六年（公元1728年），老司城荒废，在永顺猛峒坪建府、设县。司城，从此变成旧司城——老司城，旧司城的名称不出名，老司城的叫法则传承至今。

老司城有吴王六代280年加彭氏十八代近600年，自南朝梁始（公元502年）为大乡县，经过1000多年的治理，现如今老司城遗址成为露天博物馆，成为各级考古专家、文人墨客大显身手的泼墨之处。

第五节　颗　砂

清雍正二年（公元1724年），彭肇槐预见全国改土归流是大势所趋，携子景燧将治所迁至灵溪河上游35华里（17.5千米）的颗砂灵溪河边建新司城。

颗砂实为明正德年间彭世麒、彭世麟和睦相处功勋显世处。正德十五年（公元1520年），朝廷礼部奏章皇帝恩准赐修牌坊，上书“玉音表劳”四字，檄行辰州府动支工价，钦遵监造以彰圣典。

彭世麒、彭世麟还修建有别墅、蟠龙庵、金壶井、浮雕花砖窑址等。彭肇槐携子景燧在颗砂灵溪河边建街道、衙署、九曲桥、鹅池、鸭池、钓鱼台、凉洞、热洞等。清雍正六年（公元1728年）改土归流，第35世土司景燧用颗砂新司城仅4年。

彭氏治所：九龙蹬61年，龙潭城99年、会溪坪65年、老司城589年、颗砂4年，共818年。清雍正七年（公元1729年）彭肇槐带领着彭景燧及亲属1000多人回江西吉水插户。

回到江西之后，彭肇槐返回老司城接年迈的母亲，灵溪河边数千百姓送行。彭肇槐见昔日百姓，下马跪在父老乡亲面前，眼泪像雨点般落下，就这样离开了老司城。

以上5个治所，彭氏世袭28代35位土司，治理溪州计818年。

撰写本书参考引用资料

司马迁：《史记》，北京：作家出版社，2005 年。

刘泽华、杨志久、王玉哲、杨翼骧、冯尔康、南炳文、汤纲、郑克晟、孙立群编著：《中国古代史》，北京：人民出版社，1979 年。

民国十九年《永顺县志》。

舒文主编，李蕉副主编：《中国近现代史史料选读》，北京：清华大学出版社，2018 年。

乾隆五十八年《永顺县志》。

湖南少数民族办公室主编：《土家族土司史录》，长沙：岳麓书社，1991 年。

彭勃编写：《永顺土家族》，四川省秀山土家族苗族自治县印刷厂印刷，1992 年。

罗维庆：《武陵山民族研究文论》，长沙：湖南师范大学出版社，2012 年。

柴焕波：《永顺老司城》，长沙：岳麓书社，2013 年。

永顺县地方志编纂委员会：《永顺县志》，长沙：湖南出版社，1995 年。

鲁卫东：《永顺土司金石录》，长沙：岳麓书社，2015 年。

向昌德：《莲花池向氏文化》，香港：中国文化出版社，2017 年。

罗维庆、罗中编：《土司制度与彭氏土司历史文献资料辑录》，北京：民族出版社，2014 年。

瞿州莲、瞿宏州：《金石铭文中的历史记忆》，北京：民族出版社，2014 年。

田清旺：《从溪州铜柱到德政碑》，北京：民族出版社，

2014 年。

彭剑秋：《溪州土司八百年》，北京：民族出版社，2001 年。

王焕林：《永顺彭氏土司司治研究》，载《吉首大学学报》(社会科学版)，2013 年第 34 卷第 6 期。

彭剑秋：《溪州土司全传》，人民日报出版社，2008 年。

《老司城魏氏族谱》。

向大儒、向大厚等主编：《老司城向氏族谱》，2004 年。

《沅陵莲花池向氏族谱》，过去草本，部分遗存。

《老司城雅颂溪陈氏族谱》。

雷家森：《老司城与湘西土司文化研究》，长沙：岳麓书社，2014 年。

《弄塔王氏族谱》。

《老司城秦氏族谱》。

《车坪付氏族谱》。

永顺《连洞左氏族谱》。

《老司城郑氏族谱》。

还有老司城、连洞、沅陵莲花池村、湖北来凤土家族自治县的漫水、大河、百福司、舍米湖村的有关族谱记载和民间传说。

后　记

随着“不二门”商周文化遗址的发现，与之相邻的溪州老司城也得到了有效地发掘与利用。老司城经历了历朝历代，从夏商周、春秋、战国、秦、两汉、三国、两晋、南北朝（宋齐梁陈）到隋、唐、五代、宋、元、明、清雍正六年（公元1728年）止，史越千载，光耀中华。

其中唐贞观初至唐末，溪州八部大王6代8世或10世袭职达280年之久。彭氏28代35世从唐末至清雍正六年（公元1728年）改土归流止，在历史的长河中不断经营，因而在老司城及其附近留下了诸多的文化遗迹。其内容之广泛，底蕴之深厚，民族间的多元一体文化并存的局面，均称罕见。其中包括政治、经济、军事、文化、法律、民族关系、民族历史、民族政策、边疆官吏与中央王朝的关系等。

笔者土生土长于老司城，对家乡有深厚感情。退休前曾发誓要尽余力报效家乡，无怨无悔地为世界文化遗址发光发热。

笔者自2002年退休至今已19年坚持初心使命，为保护溪州老司城文化遗址，弘扬民族文化精神，采用过三个办法：

一是宣讲。19年来，笔者持续向各界宣讲老司城的前世今生。本人还全程参加申遗，2015年7月3日申遗成功，老司城文化走出国门，走向世界。

二是授徒传薪火。在各级领导和主管部门的支持下，笔者在2014年7月19日“申遗”前，以个人名义举办“我为申遗做什么”的演讲比赛。县老司城遗址管理处、宣传部、县文联、文化旅游广电局、灵溪镇、司城村等领导、村民和笔者10多名徒弟共500余人参加演讲会，会后为优胜者颁发纪念品。

三是进修。19年来，笔者参加各类学习培训会及撰文如下：

2007 年 11 月在吉首大学参加第一期本土生态知识高级培训班。

2008 年 6 月在呼和浩特参加本土生态知识高级培训班。

2011 年 8 月参加在吉首大学开幕，在永顺落幕的“第一届中国土司制度与民族文化”学术研讨会，笔者给与会专家学者赠送《老司城民间故事集》140 册，参会人员人手一册。

2015 年 4 月参加在永顺召开的“土司文化遗产保护论坛”。

2016 年 10 月参加在永顺召开的“第六届中国土司制度与土司文化国际学术研讨会”。

笔者十多年撰写了以下文章：

《老司城土司与历代王朝的关系》《溯源老司城八部大王历史》《建议将老司城打造成武陵山区的历史文化生态城》《溯源辰州莲花池村落的历史和向宗彦为大湘西及对朝廷的贡献》《老司城是多元多样的文化生态保护区》《溯源老司城及溪州历史》《演说老司城文化》《清廉的民族首领向宗彦永远活在大湘西各族人民心中》《中国·老司城·文化演说》《中国·老司城导游词》《昔日颗砂、松柏优质大米入贡进京城，今日飘香出国门》等十多篇文章。

撰写书籍：

2008 年 1 月内蒙古人民出版社出版《土司王朝》；

2010 年 12 月中国戏剧出版社出版《老司城民间故事集》；

2013 年 5 月线装书局出版《溪州土司制度盛衰轶事》；

2015年10月岳麓书社出版《老司城民间故事集锦》。

为了老司城遗址成功“申遗”，笔者白天撰文，晚上参加村民“摆手舞”等文化活动，在申遗的五年中（2010—2015年），其间县领导来老司城检查工作，笔者如实汇报；世遗专家检阅，笔者带头演示；世遗专家提问，笔者全都解答。笔者对老司城遗址文化的了解，得到各级领导的认可和世遗专家的赞同。在2016年举办评选“第三届感动永顺人物”时，笔者被评为第三届“感动永顺人物”。2017年5月受到永顺县委、县人民政府的表彰奖励。

老司城历史悠久，文化底蕴深厚，讲不尽也写不完。2015年7月，老司城遗址成功“申遗”，实现湖南省世界文化遗产零的突破。中国湖南省湘西土家族苗族自治州永顺县为世界保存了一座深具文化底蕴的老司城古村落。老司城成功“申遗”，为湘西永顺旅游搭建了一座顶尖的平台，同时也为有识之士、文人提供了舒展才华的舞台。好平台好舞台仍须社会各界的支持与帮助。十多年来，下列学人和领导对笔者支持帮助很大：

中国社科院历史研究所清史研究室主任、研究员、研究生院二级教授、清史方向博士生导师和博士后导师李世愉；

中央民族大学教授、中国少数民族研究中心主任张海洋；

北京大学、中央民族大学王铭铭教授；

清华大学、北京大学建筑系何重义教授；清华大学骆文杰老师；

吉首大学民族学人类学历史学学院杨庭硕教授、罗维庆教授、程臻铭教授、罗康隆教授、瞿州莲教授、王焕林教授、陆群教授；

湖南师范大学党委李民书记；

湖南省第一师范大学音乐舞蹈学院党支部谭顺来书记、邓志刚、黄葶、曾亚斌老师等都给予笔者很多支持与帮助；

湘西土家族苗族自治州人大彭武长主任、州人民政府李平副州长、州水电局彭武学局长；州商业局向仕莲局长；原中共永顺县委石治平书记、现中共永顺县委彭军书记、县人大张开国主任、陈海波县长、县政协曾维秀主席、县宣传部樊未部长、孟春绒主任、老司城遗址管理处孔凡卫主任、张万超书记、县文化旅游广电局张长青书记、朱大洲局长、梁爱忠、彭武仁、彭湘文、印永辉、卢瑞生、刘勇等领导、永顺县民族宗教事务局彭延杰书记、龚长双局长、老司城开发经营有限责任公司彭昌、刘英杰、王秀梅、原灵溪镇党委潘清海书记、永顺县财政局局长吴吉森、副局长向春生、永顺县水利局副局长向用坤、现灵溪镇党委书记赵斌、永顺县文联向先林主席、电视台向洪斌、湖南猛洞河风景名胜区管理处胡东升、在司城村工作的李军、罗奋飞、丁海燕、李秋羽、瞿章辉、杨修齐、董书林等领导、司城村党支部书记张官风、村委会彭永贵、肖绪春及永顺二小宋兴家老师、祥平印刷厂王蓉蓉等，都曾给予诸多帮忙支持。笔者在《溪州老司城》付梓之际一并深表谢忱。

本人学识有限，书中错误难免，敬请读者、学者、专家批评指正。

谨以此书向老司城“申遗”成功五周年献礼！

向盛福

2019 年 12 月